Tagebuch einer Entdeckungsreise nach den nördlichen Polargegenden im Jahre 1818 in dem königlichen Schiffe Alexander unter dem Befehle des Lieutenant und Commander W. E. Parry.

It. ping. 14 15 ⊆ 8

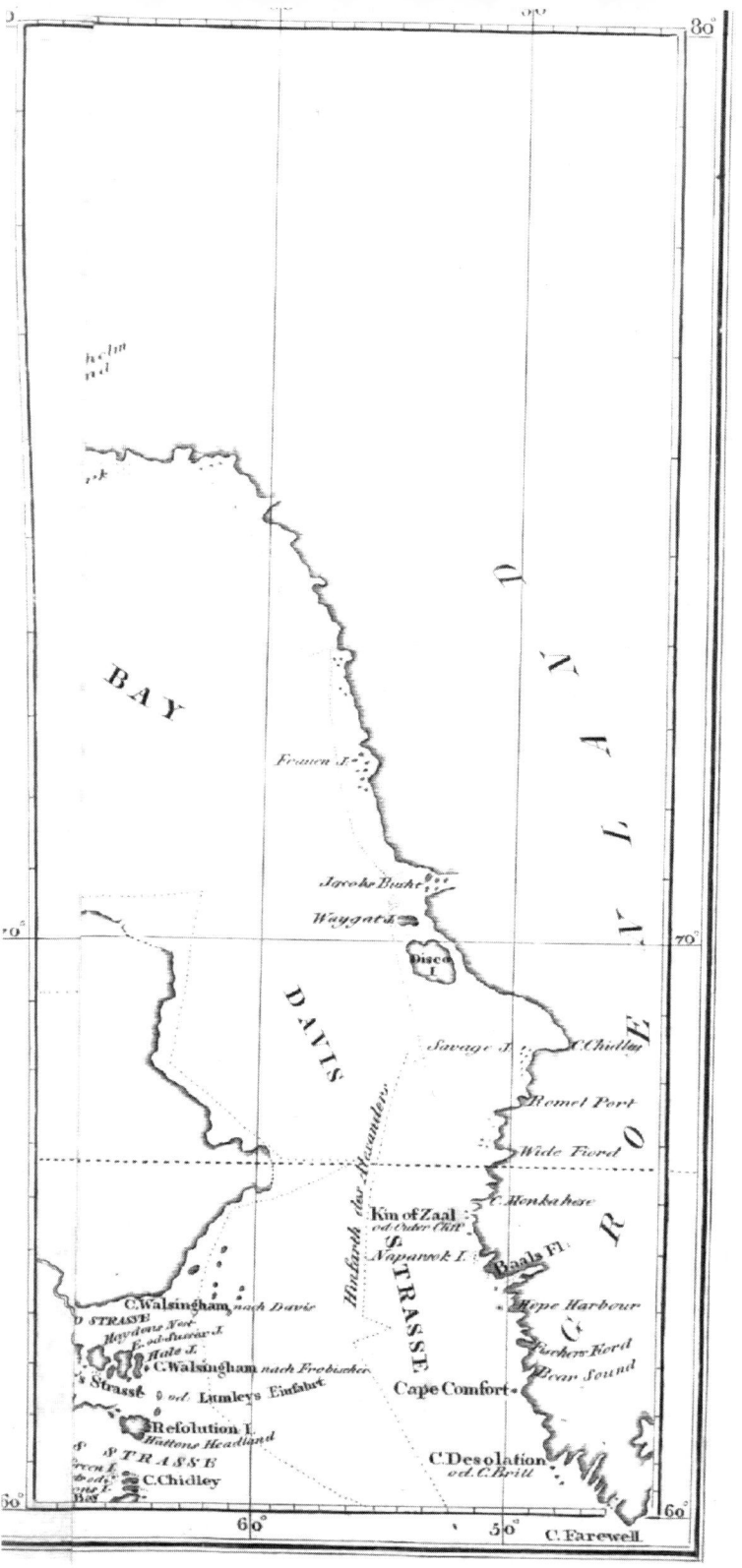

Tagebuch

einer

Entdeckungsreise

nach den

nördlichen Polargegenden

im Jahr 1818

in dem königlichen Schiffe Alexander

unter dem Befehle

des Lieutenant und Commander

W. E. Parry.

Aus dem Englischen übersetzt.

Mit einer Karte.

Hamburg

bei Hoffmann und Campe 1819.

Tagebuch

einer

Entdeckungsreise

nach den Polargegenden

vom 4. April bis zum 18. November 1818.

———

Einleitung.

Aus den Berichten einiger der geschickteſten Schiffer, die nach Grönland und die Davisſtraße auf den Wallfiſchfang gehen, ergab ſich, daß in den letzten beyden Jahren das Polarmeer freyer von Eis war, als es ſeit Jahrhunderten geweſen. Wegen dieſer vortheilhaften Veränderung und wegen anderer vaterländiſcher Bewegungsgründe, entſchloß ſich die engliſche Regierung, vier Schiffe auszuſchicken, die das Polarmeer unterſuchen, und wo möglich den lange in Frage geweſenen Punkt entſcheiden ſollten: ob von dem nördlichen atlantiſchen nach dem ſtillen Oceane eine Durchfahrt durch die Behringsſtraße ſtatt fände. Obgleich der Hauptzweck der Ausrüſtung die Entdeckung der angegebnen Durchfahrt war, ſollte doch noch einiges andere von Belang dadurch erreicht werden, als; die Auffindung des magnetiſchen Pols, und Beobachtungen über den Unterſchied der Pendelſchwingung in hohen Breiten. Auch ſollten die Längen und Breiten mehrerer Oerter genauer beſtimmt, Küſten und Häfen aufgenommen

und mehrere andere Versuche und Beobachtungen
gemacht werden, um unsere geographische Kenntniß
der Polargegenden zu erweitern. Alle Thatsachen,
die einen wissenschaftlichen Nutzen haben könnten,
sollten gesammelt werden, und waren deshalb die
Schiffe mit den bestmöglichen Instrumenten versehen,
um die nöthigen Beobachtungen zu machen. Da
auch die Naturgeschichte durch diese Unternehmung
bereichert werden konnte, so versah das königliche
Kollegium der Wundärzte jedes Schiff mit einer Kiste
voll Flaschen und Weingeist, um die naturgeschichtlichen Gegenstände, die etwa gefunden würden, darin
aufzubewahren.

Beym Ausrüsten der Schiffe wurden keine Ko-
sten gespart, um sie in den Stand zu setzen, diese
Reise auszuhalten, auch wurde kein Vorschlag übersehen, wenn er den vorhabenden Zweck einigermaßen
zu befördern schien. Da Kauffartheyschiffe besser zu
dieser Reise zu passen schienen als Kriegsschiffe, indem sie besser zur Stauung eingerichtet sind, so
wurden vier ehemalige Transportschiffe gemiethet,
die Isabella von 368 Tonnen; die Dorothea von
380 Tonnen; der Alexander von 252 Tonnen; und
Trent von 250 Tonnen.

Diese Schiffe wurden so stark gemacht, als dieß
nur mit Holz und Eisen möglich war. Erstlich
wurde die Außenseite vom Kiel bis etwas über die

Wasserlinie mit drey Zoll dicken Eichenplanken belegt, im Raum wurden noch mehrere Querbalken und anderes Gezimmer angebracht, damit sie dem Seitendruck des Eises besser widerstehen könnten, wenn sie zwischen zwey Eisfeldern geklemmt werden sollten. Die Buge wurden auch mit starken Eisenplatten bedeckt, so daß ein Stoß gegen schwimmendes Eis ihnen nicht schaden konnte.

Auch inwendig waren sie so eingerichtet, daß für die Bequemlichkeit der Officiere und Seeleute so viel gesorgt war, als die Größe der Schiffe möglich machte. Um gegen die Kälte so viel als möglich geschützt zu seyn, waren wir mit Bettstellen versehen; diese waren nicht nur wärmer als Hängematten, sondern hatten noch den Vortheil, daß, wenn es nöthig gewesen wäre, im Lande Wohnungen aufzuschlagen, sie leicht hätten dahin gebracht werden können, da jede Bettstelle einen Kasten für sich bildete. Die Schiffe hatten auch so viel Kohlen als möglich, eingenommen, und hatten Kohlen als Ballast, so daß die ganze Menge derselben für 2 Jahre hinreichend war. Um sie noch mehr zu heitzen, als durch die Oefen allein möglich gewesen wäre, wurde die durch das Küchenfeuer erhitzte Luft, mittelst Röhren allenthalben zwischen dem Verdeck herum geleitet. Für den Fall, daß wir in den Polargegenden überwintern sollten, waren wir mit Brettern, russischen

Matten und Theerdecken versehen, um die Verdecke
zu überbauen (housing the ships), und sollten wir
unsere Wohnung am Lande nehmen müssen, so konnten wir sie mit denselben Dingen bedachen. Einen
warmen Anzug und eine Decke aus Wolfsfellen bekam jeder der Leute von der Regierung geschenkt, so
daß wir in jeder Rücksicht mit Verwahrungsmitteln
vor der Kälte versehen waren.

Auch auf die Mittel, die Gesundheit des Schiffs-
volks zu erhalten, hatte man die gehörige Aufmerksamkeit gewendet. Die gesalzenen Lebensmittel waren von der besten Beschaffenheit und frisch gepökelt,
und außerdem wurden die Schiffe mit denjenigen
Dingen versehen, die man am kräftigsten hielt, den
Scharbock zu verhüten, der so schreckliche Verhee-
rungen unter den Seeleuten früherer Zeit, besonders
auf Reisen nach kalten Gegenden, angerichtet hatte.

Wir waren gegen den Scharbock mit einer großen Menge von Donkins eingemachten Fleisch und
Suppe, mit Sauerkohl, mit Malz- und Hopfen-
essenz, und mehrern Tonnen Kartoffeln und anderm
Gemüse versehen. Für den Fall, daß wir Lebensmittel oder Kleidungsstücke von den Eskimoos (Es-
quimaux) zu erhandeln suchen müßten, hatte man
uns mit einer bedeutenden Menge Spielsachen und
andern Dingen zum Tauschhandel versorgt. Diese
bestanden in Hosen und Jacken von grobem Zeug,

in Hemden, Schirmen, Nadeln, Zwirn, Spiegeln, Muscheln (cawne shells), Glasperlen von unterschiedenen Farben und noch vielen andern Gegenständen, die die Aufmerksamkeit der Wilden auf sich ziehen konnte. Außerdem hatten wir eine Anzahl grobgearbeiteter Büchsen zu Geschenken für die Oberhäupter der Eskimoos oder zum Tausch.

Zur Erleichterung des Verkehrs mit den Eskimoos und um die Nachrichten, die sie zu geben im Stande waren, zu erhalten, wurde ein Eingeborner der Dänischen Kolonien auf Westgrönland als Dollmetscher angenommen. Er hieß John Sackhouse *) und kam vor zwen Jahren in einem nach Leith gehörigen Schiffe nach England. Man hat mehrere Ursachen angegeben, wegen der er sein Vaterland verlassen haben soll. Einige sagten, daß man ihn auf offnem Meere in seinem Kahoe gefunden habe, indem er durch einen Sturm von der Küste von Grönland verschlagen worden sey; er selbst aber gab eine unglückliche Liebesangelegenheit als Ursache an; er habe nämlich sich mit der Mutter des Mädchens, die er zur Braut haben wollte, gezankt, und deshalb ihre Einwilligung nicht erhalten. Der Kummer, den ihm dieß Mißgeschick gemacht habe, hätte ihn so ergriffen, daß er sich entschlossen habe, für immer sein Vaterland zu verlassen, und in der

*) Er starb nach unserer Rückkehr in England.

größten Wuth, wäre er in seinem Kanoe zu See
gegangen, und sey da von dem Schiff, das ihn
nach England brachte, gefunden worden. Er hatte
mehr Verstand, als die mehrsten, die so roh auf-
wachsen. Er sprach ziemlich gut englisch und konnte
selbst ein wenig lesen und schreiben, am mehrsten
war er aber begierig zeichnen zu lernen, und hatte
darin ziemliche Fortschritte gemacht. Seine Fahr-
ten auf der Themse in seinem Kanoe, während die
Schiffe ausgerüstet wurden, erregten allgemein, und
wol mit Recht, Aufmerksamkeit, da die Geschicklichkeit, mit der er ihn lenkte, wirklich bewundernswürdig war.

Nachdem ich nun kurz geschildert habe, wie man
alles zu der Unternehmung ausgerüstet hatte, bleibt
mir nur noch übrig ein paar Worte über die Wahr-
scheinlichkeit des Erfolges zu sagen, die wir hatten,
ehe wir segelten; es würde indeß unnöthig seyn
hier davon zu sprechen, was wir ausgerichtet haben, da das sich aus der Erzählung ergeben wird.
Ehe ich weiter gehe, muß ich indeß bemerken, daß
da alle vier Schiffe ein Hauptziel hatten, ich bisher
so davon gesprochen habe, als bildeten sie eine
Ausrüstung, (auch war es unnöthig einen Unterschied bey der Beschreibung ihrer Einrichtung zu
machen, indem diese bey allen gleich war). Eigentlich
waren es aber zwey Ausrüstungen, die unterschiedene

Wege zur Erreichung deſſelben Zwecks einſchlagen
ſollten.

Da ſie auf dieſe Weiſe von einander unterſchie-
ben waren, ſo werde ich meine Bemerkungen darauf
beſchränken die Gründe zu betrachten, die man für
das Daſeyn einer Durchfahrt in der Richtung angegeben hat, die die Ausrüſtung, zu der ich gehörte,
nahm, nämlich durch die Davisſtraße und Baffins-
bay. Von den Gründen, die für die Annahme
eines Zuſammenhangs des atlantiſchen und ſtillen
Oceans in der angegebenen Richtung ſprechen, ſcheint
mir der ſtärkſte der zu ſeyn, daß Hearne und
M'Kenzie das Meer an der Mündung des Cop-
permine - und M'Kenzie - Fluſſes geſehen haben;
der oberflächlichen Art halber, mit der dieſe uner-
müdeten Reiſenden indeß von dem Meere geſprochen
haben, das ſie an der Mündung dieſer Flüſſe geſehen
hatten, haben einige angenommen, daß das, was ſie
für das Meer hielten, bloß Seen von ſüßem Waſſer
geweſen wären. Es iſt in der That zu bedauern,
daß ſie keine befriedigende Nachricht, die jeden Zweifel beſeitigt hätte, davon gegeben haben. Sollte
es ihnen ſelbſt zweifelhaft geweſen ſeyn, ob das,
was ſie ſahen, wirklich das Meer war, ſo müſſen
ſie ſehr nachläſſig geweſen ſeyn, da ſie, wie einige
nachher bemerkten, durch Schmecken des Waſſers
die Sache ſo leicht hätten entſcheiden können. Ich

selbst zweifle indeß nicht, daß sie überzeugt waren,
was sie sähen sey das Meer, denn es ist nicht wahrscheinlich, daß Männer, die so weit gereiset waren,
so viel Ungemach erlitten und sich so abgemühet hatten, ihr Ziel verlassen würden, ehe sie völlig aufs
Reine wären, wenn die Mittel dazu so leicht erreich-
bar waren. Nimmt man nun an, daß Hearne und
M'Kenzie das Meer an den Mündungen des Cop-
permine- und M'Kenzie-Flusses sahen, so ist es
klar, daß wenigstens zwey Drittel der Nordseite von
Amerika vom Meer umflossen werden; denn da die
genannten Flüsse diesen Kontinent beynahe in drey
gleiche Theile theilen, so müssen wenigstens zwey
davon mit Wasser umgeben seyn.

Es ist wol unnöthig, die übrigen Gründe, die
für eine solche Durchfahrt angegeben sind, genauer
anzugeben, da man hoffen kann, daß die Ausrüstung, die jetzt im Werk ist, die Frage entscheiden
wird. Ein Verzeichniß der Namen der Officiere
und der Zahl der Leute, die bey den beyden zurück-
gekehrten Ausrüstungen dienten, befindet sich im
Anhang Nr. a.

Entdeckungsreise

nach den Polargegenden

vom 4. April bis zum 18. November 1818.

Man kann annehmen, daß unsere Reise am 4. April 1818. anfing, denn diesen Tag zwischen 9 und 10 Uhr Vormittags legten wir von dem königlichen Huſk Dédaigneuse ab, und trieben mit dem übrigen Geschwader, der Iſabella, Dorothea und dem Trent herunter bis zur Mündung des Citykanals, in den wir ungefähr um 1 Uhr Nachmittags unter dem herzlichen Zurufen der Menge, die die Ufer füllte, kamen.

Die Iſabella und Dorothea, die voran waren, kamen in den Fluß, die Trent und unſer Schiff hingegen mußten bis den nächſten Tag im Kanal liegen, da das Waſſer mit der Ebbe ſo ſtark abgefloſſen war, daß ehe wir das untere Ende des Kanals erreicht hatten, man die Schleuſen zumachen mußte. Während wir hier lagen, wurden wir wie gewöhnlich von Geſellſchaften von Frauen und Herrn beſucht, denen allen ſo viel an dem Gelingen unſerer Unternehmung zu liegen ſchien, als uns ſelbſt nur daran liegen konnte; um uns zu ermuntern, drückten

sie oft ihre Besorgniß für unsere Sicherheit in einem
so gefährlichen Unternehmen aus.

Den folgenden Tag ungefähr um 1 Uhr Nachmittags gelangten wir aus dem Kanal, und setzten
bei leichtem Winde zuerst Segel bey, womit wir bis
Galleous-Reach kamen, wo wir zwischen 3 und
4 Uhr Nachmittags ankerten. Hier lagen wir mehrere Tage, während welcher wir Pulver, kleines
Gewehr und andere Vorräthe am Bord nahmen.
Außer mehreren Gegenständen bekamen wir vierzig
Decken aus Wolfsfellen für die Officiere und Mannschaft.

Dienstag den 14. April zwischen 5 und 6 Uhr
lichteten wir das Anker und arbeiteten uns bis nach
Northfleet, wo wir um Mittag wieder ankerten.
Die Dorothea und der Trent verließen Galleous diesen Morgen nicht, wie wir vernahmen, aus Mangel
an Lootsen. Den folgenden Morgen gelangten wir
wieder bis Seareach, wo wir, wie die Fluth eintrat,
ankern mußten.

Donnerstag den 16. lichteten wir zwischen 9 und
10 Uhr Morgens das Anker und obgleich der Wind
gegen uns war, gelangten wir doch bis nach der
Nore, wo wir um 4 Uhr Nachmittags ankerten.
Die Dorothea und der Trent waren noch im Fluß.
Es wird indeß unnöthig, künftig von ihnen, als zu
unserm Geschwader gehörend, zu sprechen, da sie,
wegen des Weges, den sie einschlagen sollten, und da
sie unter einem andern Befehlshaber standen, als
ganz verschieden von uns zu betrachten sind.

Den Morgen des 19. mußten wir in dem Hafen

von Sheerneß einlaufen, um unsere Winde, die den Tag vorher beschädigt worden war, ausbessern zu lassen. Den Nachmittag ertrank Herr Stroude, der Hafenmeister (superintending master) am Werft zu Sheerneß, der herausgekommen war, um zu sehen, wann wir bereit wären, in den Hafen zu kommen, indem das Boot bey seiner Rückkehr umschlug. Er wurde zwar wenige Minuten nachher herausgezogen, am Bord der Isabella gebracht und alles angewendet, um ihn wieder ins Leben zu bringen, aber vergeblich.

Montag den 20. zwischen 12 und 1 Uhr Nachmittags segelten wir wieder bis nach Little Nore, wo wir ankerten. Den Nachmittag wurde der Mannschaft der Sold von dem Tage an, da sie am Bord gekommen, bis zum heutigen und dann noch 3 Monate im voraus ausbezahlt.

Den 21. um 5 Uhr Vormittags lichteten wir das Anker und arbeiteten uns nach Great Nore, wo wir zwischen 7 und 8 Uhr Vormittags das Anker fallen ließen. Wir lichteten es wieder um 1 Uhr Nachmittags und segelten in Gesellschaft der Isabella. Den Abend legten wir in dem Theil der Swin, den man Middle nennt, bey. Den andern Tag um halb 2 Uhr arbeiteten wir uns bis zur Gunfleet Bake. Da der Wind noch gegen uns war, so mußten wir, als die Ebbe vorbey war, ankern, und da dieß bey dem Wetter nicht mit Sicherheit geschehen konnte, wo wir waren, so kehrten wir zu dem Platz zurück, wo wir hergekommen waren. Wir fanden die Dorothea und den Trent da. Diese

schienen sich aber auch da nicht sicher zu halten, denn
den folgenden Morgen, den 23., kehrten sie wieder
nach der Mündung der Themse zurück. Die Isabella und unser Schiff hingegen hielten indeß aus,
und am folgenden Tage, den 24., da das Wetter
besser wurde, lichteten wir die Anker, mußten aber
aus Mangel an Wind wieder beylegen.

Diesen Tag untersuchten wir die specifische
Schwere des uns umgebenden Seewassers bey der
Fluth und bey der Ebbe; wir fanden es bey der
erstern 1026,4; und bey der letztern 1026,1. Dieser Unterschied ist leicht erklärbar und stand zu erwarten, da bey der Ebbe das uns umgebende Wasser wegen der Nähe der Mündung des Flusses, mehr
süßes Wasser enthält, als bei der Fluth. Seine
specifische Schwere mußte also dann geringer seyn,
und umgekehrt.

Da das Aräometer des Alexander ein gewöhnliches Fahrenheitsches war, so mußte man die Belastung herausbringen, die bey demselben im destillirten Wasser nöthig war; da wir aber solches dermalen nicht hatten, so geschah dieß durch Vergleichung
mit dem Aräometer der Isabella, das so eingerichtet
war, daß es im destillirten Wasser 1000 Gran verdrängte. Man rechnete nämlich: daß, wie sich das
Gewicht dieses letztern Aräometers und die Belastung im Salzwasser zu 1000 verhält, so verhält
sich das Gewicht des Aräometers des Alexander und
dessen Belastung im Salzwasser, zu dem Gewicht
des destillirten Wassers, das es verdrängen würde.
Man erhielt so 1260,7 Gran, das Aräometer wog

845, 3 Gran, und die Belastung, die im deftillirten Waffer nöthig war, war als 415, 4 Gr.

Sonnabend den 25. lichteten wir um 6 Uhr Vormittags das Anker und setzten alle Segel bey. Da der Wind südlich und westlich geworden, so konnten wir bis nach den Lowstoffblüfen vor Dunkelwerden kommen, und kamen am 26. Morgens vor Yarmouth vorbey. Da es Sonntag und das Wetter sehr schön war, so konnten der größte Theil der Officiere und der Mannschaft dem Gottesdienst beywohnen, der vom Lieutenant Parry gehalten wurde. Bis zum 30. fiel nichts Bemerkenswerthes vor, an diesem Tage sahen wir Land, ein wenig nördlich vom Kap Sombero auf Shetland, und ankerten um Mittag im Hafen von Lerwick, oder wie man es gewöhnlich nennt: Braffasund, wo wir das königliche Schiff Ifter und zwey oder drey Kauffahrer fanden.

Rechts ist die Küste, wenn man dem Ankerplatz nahe kömmt, sehr steil und rauh, mit steilen Felsen umgeben, die an einigen Stellen aus dem Meere zu einer bedeutenden Höhe senkrecht hinaufsteigen. An derselben Küste bemerkte man einen oder zwey natürliche Bogen, durch die das Meer floß, so daß Boote frey durchfahren konnten. Einer dieser Bogen sah in einer kleinen Entfernung wie durch Kunst aufgeführt aus. Einige Meilen von Lerwick erhebt sich ein Inselfelsen so dicht am Hauptland, daß man über die Kluft, die ihn von diesem trennt, in einer Art Korb wegkömmt, der auf einem Strick läuft, der von beyden Seiten befestigt ist.

Der allgemeine Anblick von Shetland ist nicht
einladend, da es eine einförmige Wüste voll nackter
kahler Berge zeigt, die an einigen Stellen sich allmählig gegen das Meerufer hin verflachen, an andern mit rauhen Abgründen sich endigen. Das
schwarze torfigte Erdreich geht in den Thälern zu
einer bedeutenden Tiefe, und wird da zum Brenn-
material in länglichten Stücken ausgestochen, da
auf der Insel kein Holz und keine Kohlen sind, als
die, die dahin geführt werden. Die shetländischen
Inseln bringen Hafer, Gerste, Kartoffeln und einige Gemüse hervor. Die Hausthiere sind wie die
in England, aber viel kleiner, besonders die Pferde.
Das Hornvieh ist, so wie die Schaafe, sehr klein.
Die Wolle der letztern ist indeß sehr fein, so daß
man daraus Strümpfe macht, die man durch einen
Fingerring ziehen kann. Sie haben auch weit mehrere Farben, als ich sonst gesehen habe; denn bey
einer Heerde von zwey oder drey Dutzend Schaafen,
findet man einige ganz schwarze, einige sehr schön
braune, und sehr viele mit unterschiedenen Schatti-
rungen zwischen schwarz und weiß.

Die Shetländer sind von mittler Größe und gut
gebauet. Die Männer sind mehrentheils von dunk-
ler Hautfarbe, die Weiber aber von frischem, ge-
sundem Aussehen. Sie sollen sehr gastfrey seyn, und
wenn das, was wir bey unserm kurzen Aufenthalt
von ihnen sahen, als eine Bestätigung dieser Angabe
angesehen werden darf: so haben sie das größte Recht
dazu, daß wir es aussprechen. Die höhern Stände
stehen in Rücksicht des Betragens und der Talente

nicht hinter denen zurück, die dem Mittelpunkt des feinen Tons näher wohnen; sie werden mehrentheils in England oder Schottland erzogen; so daß sie in ihrer Jugend die Vortheile einer sehr gebildeten Erziehung genießen und Geschmack für die verfeinerten Sitten ihrer südlichen Nachbaren bekommen, und doch nicht Zeit haben die Laster anzunehmen, die die gewöhnlichen Begleiter der Kultur sind. Obgleich die Begriffe der niedern Stände wegen ihrer abgesonderten Lage sehr beschränkt sind, so haben sie doch vielen Verstand und sind schlau und vorsichtig; die Weiber betragen sich sehr anständig. Ihre Hauptbeschäftigung ist Strumpfstricken u. dergl., worin sie sehr geschickt sind.

Ihre außerordentliche Geschicklichkeit darin wird uns nicht verwundern, wenn wir bedenken, daß sie in der ersten Kindheit anfangen zu stricken, und daß es ihre einzige Beschäftigung bis zum hohen Alter zu seyn scheint; denn ich habe oft eine Menge von ihnen gesehen, die strickten, indem sie an der Mauer eines Hauses standen, deren Alter von 10 zu 70 Jahren und wol darüber reichte, indem die Insulaner im allgemeinen sehr alt werden. Das hiervon der Beschäftigung der Weiber erzählte, gilt indeß nur von denen in der Stadt Lerwick, denn auf dem Lande haben sie eine ganz andere und weit unangenehmere Arbeit. Sie sind da förmliche Lastthiere; ich habe gesehen, daß sie da den Dünger in Strohkörben auf den Acker trugen, einen Karren zogen und auch noch gruben. Daß

2

sie so hart behandelt werden, kommt indeß nicht
von Faulheit oder Tyranney der Männer, sondern
von Nothwendigkeit, indem jeder Mann, der nur
rudern kann, im März und April auf den Wallfischfang geht, so daß der Landbau ganz den alten
Männern, Weibern und Kindern überlassen bleibt,
und so die Weiber die härtere Arbeit verrichten
müssen. Sie gaben dafür, daß sie zur Bearbeitung des Landes keine Pferde hielten, an, daß sie
nicht im Stande wären sie im Winter zu füttern.
Diejenigen, die indeß einen bedeutenden Fleck acker-
bares Land haben, brauchen Pferde, wenn man
ihre Thierchen, von denen einige nicht größer sind
als ein großes englisches Schaaf, so nennen kann.

Unser Aufenthalt auf Shetland war zu kurz,
als daß wir viel von den Gebräuchen und Sitten
der Einwohner hätten bemerken können. Die
herrschende Sprache ist die englische; ich höre aber,
daß noch einige Worte aus dem Norwegischen
unter den niedern Ständen im Gebrauch sind; dieß
würde, herrschten noch Zweifel darüber, ihren Ur-
sprung andeuten. Sie kleiden sich nach der englischen Sitte; ich gebe dieß an, da sie darin von
den Bewohnern des nördlichen Schottland, denen
diese Insel gegenüber liegen, unterschieden sind.

Lerwick, die Hauptstadt *) der shetländischen
Inseln, liegt nahe an der See auf einem kleinen
Hügel der Insel, die man Mainland, wahrschein-

---

*) Scolloway ist eigentlich nach einer alten Urkunde die
Hauptstadt, besteht aber jetzt nur noch aus wenigen Häusern.

lich weil sie die größte dieser Insel ist, nennt.
Sie ist eine Viertelmeile lang und etwa halb so
breit, sehr ungleich gebaut, so daß kein Theil den
Nahmen einer Straße verdient, da kaum drey
Häuser in der Stadt in einer gleichlaufenden Linie
stehen. Ohngeachtet dieses Mangels an Ebenmaaß
sind einige Häuser groß und gut gebauet. Auf
einer Höhe am nördlichen Ende der Stadt steht
ein kleines Fort, mit guten Kasernen, die gleich
den Häusern aus unbehauenen Steinen gebauet
und mit Schiefer gedeckt sind. Die jetzige Gar-
nison besteht aus einem Sergeanten mit 4 oder 5
Artilleristen.

Bey den hohen Breiten, worin diese Inseln
liegen, ist die Milde des Klima merkwürdig; das
Thermometer sol im Schatten selten unter 46°
Fahrenheit, und zwischen 2 und 3 Uhr Nachmittags stand es mehrentheils auf 50°. Man hat
mir gesagt, daß obgleich der Winter hier lang ist,
er doch nicht so streng ist als man vermuthen
sollte, sondern wegen der Umgebung mit Wasser
gelinder ist als in Gegenden des festen Landes, die
unter niederern Breiten liegen. Die Zahl der shetländischen Inseln ist etwa 40, und 30 davon sind
bewohnt. Die bedeutendsten in Rücksicht der Größe
sind Mainland, Yell, Bressa oder Brassay und
Unst. Die ganze Bevölkerung von Shetland wird
auf 23000 Seelen geschätzt, und von diesen gingen dieses Jahr allein 1500 auf die Grönlands-
fahrt, die abgerechnet, welche bey andern Fische-
reyen längst der Küste beschäftigt waren. Berechnet

man nun die Zahl der Kinder und der alten Leute
in einer Gegend, wo hohes Alter so gewöhnlich
ist; so sieht man leicht, daß, wie schon gesagt
worden, alle Männer während der Sommermonate
auf der See sind, und daß so die vorzüglichsten
häuslichen und Feldarbeiten auf die Weiber fallen.

Ich kehre nun zu dem, was mehr sich auf
unser Unternehmen bezieht, zurück. Freytag den
1sten May, den Tag nach unserer Ankunft bey
Shetland, ging der Kapitain Sabine nach der
Insel Brassa mit dem tragbaren Observatorium
und den astronomischen Instrumenten ans Land;
unglücklicherweise war es aber so wolkicht, daß das
Passageninstrument nicht gebraucht werden konnte.
Er fand, daß die Inklination der Magnetnadel
74°, 20', 10'' war. Da wir den nächsten Tag
segeln sollten, so wurde alles wieder an Bord gebracht, doch konnten wir des Windes halber erst
einen Tag später abgehen.

An diesem Tage kam auch die Dorothea und der
Trent an. Das letztere Schiff war so leck, daß
man es ganz aus Land ziehen mußte, um bey der
Ebbe zu finden, wo der Leck war. Man fand diesen glücklich, wenigstens eine oder zwey Stellen,
von denen man annahm, daß durch sie der größte
Theil des Wassers eindrang. Wir segelten, ehe
der Trent wieder im Wasser war und erfuhren
also nicht, wie weit die Ausbesserung gelang; hoffentlich ging alles gut. Den 3ten May um 8½ Uhr
V. M. lichteten die Isabella und der Alexander
die Anker, und da der Wind noch südlich war,

waren wir genöthigt durch den sogenannten Hell-
fund zu gehen, was für Fremde bey neblichtem
Wetter eine gefährliche Farth seyn muß, da er
voll von Klippen ist, von denen einige nur bis an
die Oberfläche des Wassers reichen. Wir hatten
indeß guten Wind, helles Wetter und einen Eingebornen als Lootsen, so daß wir vor 4 Uhr R.
M. glücklich in die offene See gelangten, und
bald darauf nahmen wir von der entferntesten der
brittischen Inseln, als von unserm Scheidepunkt,
Abschied. Grade wie wir vor den Felsen, die die
shetländischen Inseln nördlich umgeben, vorbey waren, wurde der Himmel mit allem Anschein von
üblem Wetter bewölkt.

Montags den 4ten hatten wir starken S. O.
Wind und unruhige See, welche bis zwey Uhr
am folgenden Morgen anhielten. Um 1 Uhr
R. M. wurde eine Flasche über Bord geworfen,
worin ein Bogen Papier lag, auf dem die Zeit und
der Ort des Schiffes angegeben, und in englischer,
französischer, spanischer, dänischer, schwedischer und
holländischer Sprache die Bitte geschrieben war,
daß, wer dieses fände, es dem Sekretair der Ad-
miralität schicken möchte. Man wollte auf diese
Weise Thatsachen zur Entdeckung der Schnelle und
Richtung von Strömungen zu erhalten suchen.
Wir hatten auch gedruckte Papiere der Art bey
uns, auf denen auch in russischer Sprache das
angegebene gesagt war, diese sollten wir aber nicht
gebrauchen, so lange wir bey der Isabella waren.
Um die Flaschen bemerklich zu machen, wurde,

nachdem sie gepfropft und versiegelt waren, ein
Stück weißes Zeug über den Hals gebunden, wodurch man sie auf bedeutenden Entfernungen sehen
konnte.

Man war, glaube ich, Willens, jeden Tag um
1 Uhr N. M., solch eine Flasche ins Meer zu
werfen; man kannte um diese Zeit die Breite und
Länge des Schiffes, und konnte Wetter, Wind,
Wärme des Wassers und der Luft angeben, auch
sollten andere bemerkenswerthe Punkte auf das Papier geschrieben werden.

Während der folgenden 2 Tage fiel nichts merkwürdiges vor. Das Wetter war schön, der Wärmegrad der Luft und des Wassers war fast derselbe,
der des erstern gewöhnlich 50°, der des letztern 49°.
Einige Landvögel setzten sich auf das Tauwerk, sie
schienen ganz erschöpft, denn 2 ließen sich mit der
Hand fangen. Wahrscheinlich waren sie durch den
starken S. O. Wind, den wir den 4ten hatten, von
Shetland verweht.

Bis zum 15ten waren wir bey dem schönen
Wetter im Stande, die neuen Instrumente zu versuchen, die für diese Ausrüstung erfunden, und
ihr geliefert worden waren. Des Kapitain Kater's
Höheninstrument schien seinem Entzweck sehr gut
zu entsprechen, da man unterschiedenemal die Breite
dadurch bis auf eine Meile, eben so wie durch den
Sextanten gefunden hätte. Ich habe nur das dagegen einwerfen hören, daß bey hohler See, wenn
das Schiff sich stark bewegt, es schwer ist damit
Beobachtungen anzustellen. In dem Meere aber,

wo es gebraucht werden soll, ist das Waſſer mehrentheils ruhig, ſo daß dieß Inſtrument wohl ſehr
nüßlich ſeyn wird. Der Zweck deſſelben iſt die
Sonnenhöhe zu finden, wenn der Horizont durch
Wolken oder Nebel ſo verdunkelt iſt, daß man ihn
durch die gewöhnliche Methode nicht finden kann.

Der Azimuthkompaß, von demſelben ſinnreichen
Erfinder, iſt auch verſucht worden, und es läßt
ſich bey ſeinem leichten und zarten Bau erwarten,
daß er in hohen Breiten nüßlich ſeyn wird, wo
wahrſcheinlich der gewöhnliche Kompaß ſich ſehr
langſam bewegen wird.

Die andern Inſtrumente, die wir haben, ſind,
glaube ich, ſchon früher gebraucht worden, Trough-
ton's Kräuſelhorizont ausgenommen, mit dem auch
Verſuche angeſtellt wurden; doch glaube ich, daß
die bisherigen nicht hinreichend ſind, um eine ent-
ſcheidende Meinung darüber zu begründen, man
kann nur ſagen, daß er bis jeßt noch ſeinem Entzweck nicht entſprochen hat. Mit Dr. Wollanton's
Neigungs = Proportionalzirkel (dip-sector) wurden
auch mehrere Verſuche angeſtellt, und aus den damit angeſtellten Beobachtungen geht hervor, daß er
unter gewiſſen Umſtänden ſehr brauchbar iſt; im allgemeinen wird die Neigung des Meerhorizonts eben
ſo angenommen werden, wie ſie in den Tafeln mehrerer Bücher über Schifffahrtskunde angegeben iſt.
Es iſt indeß ſehr gut, ein Inſtrument zu beſißen, durch
das ein Irrthum, der von ungewöhnlicher Brechung
im Luftkreis herrührt, verbeſſert werden kann. Die
meteorologiſchen Inſtrumente, das Barometer, die

Thermometer, Hygrometer und das Aräometer (hydrometer) wurde zu bestimmten Zeiten beobachtet, und die Beobachtungen aufgeschrieben. Der Stand des Seebarometers und des daran befindlichen Thermometers wurde regelmäßig von 6 zu 6 Stunden, um 6 Uhr V. M., um Mittag, um 6 Uhr N. M. und um Mitternacht, beobachtet.

Der Wärmegrad der Luft im Schatten und des Seewassers an der Oberfläche, wurde Tag und Nacht alle 2 Stunden beobachtet, und wenn Gelegenheit dazu war, so wurde die Wärme der See in einer beträchtlichen Tiefe durch ein selbst aufzeichnendes Thermometer gemessen.

Der Stand des Hygrometers wurde gewöhnlich einmal täglich beobachtet, und eben so oft die specifische Schwere des Seewassers. Noch eine tägliche Beobachtung wurde, wenn das Wetter es zuließ, gemacht, nämlich über die Farbe des Himmels. Dieß geschieht mittelst eines kleinen Buchs, das 14 blaue Blätter von unterschiedenen Nuancen hat; bey der Vergleichung mit dem Himmel wurde die Nummer des Blattes, das in Farbe mit ihm übereinstimmte, angemerkt. So einfach diese Beobachtung oder vielmehr das Instrument ist, mit dem sie gemacht wird, so hat es doch einen Namen bekommen, der so gelehrt klingt als einer am Bord, denn es heißt Cyanometer.

Um 5 Uhr N. M. wurde eine weiße Substanz auf dem Wasser schwimmend bemerkt, und durch ein deshalb herabgelassenes Bret aufgefischt. Es war ein Stück Wallfischspeck, etwa 10 Pfund schwer. Der fettige Theil war gänzlich ausgewaschen und von Vögeln weggepickt, denn einer von denen, den die Seeleute Malmock (Fulmor, oder procellaria glacialis) nennen, speisete eben davon. Beym Durchschneiden zeigte es sich völlig frisch, und nach der Meinung des Schiffers Herrn Allison und des Steuermanns Herrn Philips, konnte es höchstens einen Monat im Wasser gelegen haben. Es mußte übrigens nach der Bemerkung des letztern von einem getödteten Wallfisch herkommen, da der Speck der krepirten immer röthlich ist, da sie kein Blut verlieren, während das der gefangenen so aussieht, als das aufgefischte Stück. Der Umstand, daß wir dasselbe hier fanden, verdient mehr Aufmerksamkeit als es anfangs scheint, da er einiges Licht auf die Richtung und Stärke des Stroms wirft, der es wahrscheinlich herbrachte. Es sind mir nämlich nur zwey andere Arten, wie das Stück Speck auf den Fleck hinkommen könnte, bekannt; es konnte nämlich ein Wallfisch an dem Fleck selbst gefangen worden seyn, oder es war das Stück Speck von einem zurückkehrenden Wallfischfänger gefallen. Aber nach dem, was ich darüber erfahren habe, werden Wallfische östlich vom Kap Farewell nirgends anders als bey Spitzbergen (Greenland seas) gefangen, und so früh im Jahr war schwerlich ein Grönlandsfahrer schon auf der Rückreise. Man muß also annehmen, das Stück Speck sey durch einen Strom, entweder von der Davisstraße, oder von Spitzbergen (Greenland seas) hergetrieben. Von der erstern, oder eigentlich vom

Kap Farewell waren wir dermalen ungefähr 200
Meilen (leagues), und von der Gegend, wo gewöhnlich bey Spitzbergen (Greenland) gefischt
wird, noch weiter, so daß es wahrscheinlicher ist,
daß das Stück Speck von der Davisstraße kam.

Seitdem wir Shetland verließen, hatten wir
ein Netz hinter dem Schiff ausgeworfen, um jegli-
ches Seeprodukt, das etwa noch an der Oberfläche
schwimmen möchte, aufzufangen. Den 17ten fanden
wir zuerst etwas darin, es war eine Meduse, die
ganz gallertartig und halb durchsichtig war.

Mittwochen den 20sten fischten wir ein Stück
Tannenholz (firwood) von etwa 3 Fuß Länge
und von demselben Umfang aus. Wahrscheinlich
war es eine Wurzel, die von einem Ufer weggerif-
fen worden, denn es war keine Spur von Bearbeitung daran zu bemerken, indeß war es gegen Felsen oder Eisstücken so gescheuert, daß die Spuren
der etwanigen Bearbeitung wol fast verschwunden
seyn würden. Sonst hatte es sich ziemlich erhalten.
Nicht unwahrscheinlich kam es von der Nordküste
von Amerika, nach dem Ort, wo wir es auffischten,
zu schließen, denn wir waren unter 57° 50′ N. Br.
und 36° 21′ W. L.

Wir hatten seit 3 Tagen vielen Nebel gehabt;
abgerechnet die sogenannte Naßkälte, war es indeß
ziemlich milde gewesen, indem die Temperatur der
Luft und des Wassers im Durchschnitt 46° F. war.

Freytag den 22sten. Außer den Gründen, die
früher dafür angegeben wurden, daß das Stück
Speck durch eine westliche Strömung uns zuge-

führt wurde, ist seit drey Tagen diese Vermuthung
noch durch einen andern Umstand verstärkt worden.
Die specifische Schwere des Seewassers am 20sten
und 21sten war nämlich 1027,4; heute um dieselbe
Stunde (6 Uhr N. M.) war sie viel größer,
nämlich 1027,68. Es ist sehr wahrscheinlich, daß
dieser Unterschied von einer westlichen Strömung
herrührt, die aus der Davisstraße rund um Kap
Farewell herkommt, und die in der dermaligen Jahrs-
zeit durch die Menge des darin aufgelösten Eises
süßer seyn muß. Daß das Aräometer dieser Strömung den 20sten und 21sten gleiche Schwere an-
zeigen würde, ließ sich erwarten, denn wir waren
diese beiden Tage fast in derselben Breite, nämlich
um Mittag den 20sten im 57°, 50′ N. Br., und
den 21sten im 57°, 52′ N. Br. Den 22sten hingegen, wo wir im 57° 08′ N. Br. waren, kann
man annehmen, daß wir außerhalb der südlichen
Gränze der Strömung gewesen, da die specifische
Schwere des Seewassers so groß war, als wir sie
nur irgendwo im Atlantischen Meere gefunden hatten. Bis zu welchem Grade der Länge diese Strömung, wenn ich sie so bestimmt annehmen kann,
süßeres Wasser führt, haben wir nicht bestimmen
können, da es mehrere Tage vor dem 20sten so
stürmisch war, daß kein genauerer Versuch gemacht
werden konnte. Nur den 16ten hatte man die
specifische Schwere mit Sicherheit bestimmen können, und da war sie 1027,7, und wir waren im
56° 58′ 33″ N. Br. und im 25° 34′ W. L.
Es ist deshalb klar, daß, ehe die Strömung so

weit kam, sie ihre Versüßung durch Vermischung mit dem Ocean verlor. Daß sie indeß süßeres Wasser bedeutend ostwärts vom Kap Farewell führt, ist augenscheinlich, denn den 20sten hatten wir 36° 21', und gestern 39° 45' W. L.

Wir bemerkten auch als eine Bestätigung dessen, was aus den unterschiedenen specifischen Schweren des Seewassers gefolgert worden, daß vom 17ten bis zum 21sten der Wärmegrad desselben immer geringer als der der Luft war, während wir gewöhnlich das entgegengesetzte gefunden hatten. Diese Veränderung kann, dünkt mich, derselben Ursache als die Veränderung der specifischen Schwere zugeschrieben werden, da das kältere Eiswasser die Wassermasse, mit der es sich vermischt, abkältet, so daß wahrscheinlich, wo diese Strömung statt findet, das Wasser kälter ist als die Luft.

Gestern und heute flatterten einige Landvögel so erschöpft um das Schiff, daß sie sich mit der Hand greifen ließen. Es waren solche, die wir nahe beym Shetland fingen, Weindrosseln (motacilla oenanthe).

Dienstag den 26sten etwa 5 Uhr N. M. sahen wir in der Entfernung zum erstenmal etwas, womit wir uns vertrauter machen werden, obgleich wir heute begierig waren es zu sehen, nämlich einen großen Eisberg, den man von der Mastspitze in N. O. bemerkte. Um 7 Uhr kamen wir ihm bis auf 9 oder 10 Meilen (miles) nahe und nun zeigte er uns ein prächtiges Schauspiel, da er wie ein ungeheuerer Felsen von weißem Marmor sich aus dem Meere erhob. Wir waren zu weit ab, um einen Begriff von seiner Größe bekommen zu können, doch werden wir wol bald Gelegenheit haben, einige dieser ungeheuern Massen wirklich zu messen. Diesen Nachmittag zeigten das Thermometer und das Aräometer an, daß wir uns dem Eise näherten, ersteres fiel in der Luft und im Wasser auf 37°, und die specifische Schwere des Seewassers war nicht mehr als 1027,5. Die Wolken waren auch im Nordwesten nahe am Horizont ungewöhnlich weiß, so daß sie an einigen Stellen wie beschneite Berge aussahen, die aus dem Ocean hervorragten. Die Farbe des Seewassers war seit einigen Tagen bedeutend verändert. Statt der hellblauen Farbe, die es von Shetland bis auf die Länge vom Kap Farewell zeigte, war es bey klarem Wetter fast hellbräunlich, und bey nebligtem trübe, wie an der Mündung großer Flüsse.

Die specifische Schwere des Seewassers nimmt täglich ab. Den 27sten um 6 Uhr N. M. war sie nur 1027,2, bey einer Temperatur von 44°. Zwey Tage vorher hatte die Isabella die Strömung untersucht und gefunden, daß sie Nordwest und etwa 7 oder 8 Meilen (milles) in 24 Stunden läuft.

Donnerstag den 28sten kamen wir bey 3 Eisbergen vorbey; Lieutenant Parry maß die Höhe des größten, indem er die Höhenwinkel desselben aufnahm, und ihn an 2 Stellen peilte, deren Entfernung durch das Patentlog bestimmt wurde. Die

Höhe betrug 51 Fuß, rund um die Berge waren eine Menge Vögel, von unterschiedenen Arten, von denen einige den Schiffen, auf eine bedeutende Entfernung folgten.

In der Nacht und den folgenden Morgen kamen wir bey mehreren Eisbergen und kleinern Eisstücken vorbey. Am 29sten sahen wir den größten, den wir bis jetzt bemerkt hatten. Auf der Spitze desselben war eine ungeheuere runde Masse, die einem Thurme ähnelte, und weißer als die andern Theile war, wahrscheinlich weil sie mit Schnee bedeckt war. Wir hatten heute eine Probe eines nördlichen Sommers, denn es schneyete und schloßte fast den ganzen Tag. Es ward dadurch so trübe, daß man sehr aufmerksam seyn mußte, um nicht gegen das Eis zu gerathen, was besonders in der Nacht gefährlich seyn würde, wenn diese einige Zeit dauerte. Dieß findet indeß so wenig statt, daß vorige Nacht, obgleich wir nur unter 62° N. Br. waren, das Zwielicht während der kurzen Zeit, welche die Sonne unter dem Horizont ist, so stark war, daß ein nur irgend großer Gegenstand fast so deutlich als beym Tageslicht gesehen werden konnte. Diese Nacht wird dieses gebrochene Licht noch stärker und die Nacht kürzer seyn, denn um Mitternacht werden wir bey diesem Winde unter dem 63° N. Br. seyn.

Sonnabend den 30sten May. Die Kälte nimmt zu. Das Tau- und Segelwerk, das gestern naß war, war heute regelmäßig gefroren, und hin und wieder mit Eiszapfen besetzt. Das Thermometer

stieg um Mittag im Schatten nicht höher als
28½°, und zeigte an der Meeres-Oberfläche auf
den Gefrierpunkt, ohngeachtet das Wetter heute an-
genehmer war als es seit mehreren Tagen gewesen.

Während der Nacht konnte ich die Kürze oder
vielmehr die gänzliche Abwesenheit der Dunkelheit
beobachten. Ich war bis 2 Uhr Morgens den
31sten auf dem Verdeck geblieben, um bey der
Messung eines großen Eisberges zu seyn, an dem
wir vorbey kamen, und ich fand, daß ich um
Mitternacht den kleinsten Druck lesen konnte, und
um halb zwey war es so hell, daß ich mit leichtigkeit die Abtheilungen auf dem Gradbogen des
Sextanten, mit dem der Eisberg gemessen werden
sollte, unterscheiden konnte.

Dieser Eisberg war 85 Fuß hoch und 518
Fuß rund um die Grundfläche lang. An einigen
Stellen brandete das Meer in einer beträchtlichen
Entfernung davon sehr heftig, wahrscheinlich wegen
einigen Zungen, die davon unter Wasser abgingen,
denn ziemlich weit davon unter dem Winde war
ein Strom von kleinen Eisstücken, die davon los-
gerissen waren. Er bildete ein unregelmäßiges
Viereck, von dem eine Seite ganz senkrecht war.
Von dieser Seite verflachte er sich allmählich nach
der entgegengesetzten, wo er nur 10 bis 12 Fuß
über dem Wasser stand. Ich habe diese Gestalt
fast bey allen bisher gesehenen Eisbergen bemerkt,
so daß sie auf einer Seite hoch und senkrecht waren, und allmählich nach der entgegengesetzten niedrigen Seite sich senkten. Indeß haben nicht alle

Eisberge diese Gestalt, sondern einige so sonderbare Umrisse, daß es schwer seyn würde, sie zu beschreiben.

Montag den 1sten Juny sahen wir eine große Anzahl von Finnfischen (balaena physalus). Diese sind gewöhnlich so lang, als der eigentliche Wallfisch und wol noch länger, aber nie so dick, und ihr Speck ist selten über 5 — 6 Zoll stark. Deswegen, und wegen der Schwierigkeit beym Fang derselben, der zuweilen gefährlich ist, werden sie selten von den Wallfischfängern angegriffen. Ich höre indeß, daß die Grönländer ihr Fleisch dem des Wallfisches vorziehen, und sie deshalb mehr verfolgen als die Wallfischfänger. Einige hoben ihren ungeheueren Schwanz aus dem Wasser, und schlugen damit mit großer Heftigkeit. Diejenigen, die auf dem Wallfischfang gewesen waren, sagten, sie machten diese heftige Bewegung, weil sie sich begatteten. Man hat mir gesagt, daß, wo diese Finnfische sich in großer Menge aufhalten, man fast nie einen Wallfisch sieht. In Rücksicht der Robben ist es umgekehrt, denn wir sahen sie heute in größerer Menge als je. Doch muß man daraus nicht schließen, daß die Finnfische und Robben in Gesellschaft leben; ich vermuthe vielmehr, daß dieß nicht statt findet, obgleich wir sie zusammen gesehen hatten. Wir schossen nach einigen der letztern, aber ohne Erfolg, da sie augenblicklich untertauchten, sey es, daß sie getroffen waren oder nicht. Glücklicher waren wir darin, daß wir einige Vögel uns verschafften. Da das Wetter

sehr schön war, so wurde ein Boot nach einem Eisberg geschickt, um welchen wir eine große Menge Vögel sahen. Vier davon wurden geschossen, nämlich eine
Lomme (colymbus troile) (a loon) ein Malmock,
worin ein Ey ohne Schaale war, eine Möve (larus Rissa) (a Kittiwake) und eine Seeschwalbe
(sterna hirundo) (a Greenland swallow).
Sie waren alle sehr fett, besonders die beyden ersten, da sie eine viertelzöllige Lage Fett unter der
Haut hatten. Diese und der dicke Flaum, den
sie an der Brust haben schützen, sie vorzüglich gegen
die Kälte des Klimas.

Wir waren erstaunt, uns heute dicht bey dem
gestern erwähnten Eisberg zu befinden, nachdem
wir 24 Stunden herumgekreuzt waren, und uns
bemüht hatten nach Norden zu gelangen. Wir kamen
heute so dicht dabey vorbey als das erstemal, obgleich wir um Mittag 6 Meilen (miles) nördlicher
waren als gestern, indem unsere heutige nördliche
Breite 63° 51′ 08″ war, und unsre gestrige 63°
45.′ Dieß scheint gegen das zu sprechen, was
kürzlich wegen einer Strömung, die nach Süden
und Osten um Kap Farewell herumgeht, gesagt
worden ist. Sey dem nun wie ihm wolle, so
werde ich immer die Thatsachen angeben, so unver-
einbar sie scheinen mögen.

Den 2ten Juny fuhren wir durch mehrere
Ströme (streams) und Flacken (patches) Eis,
zwischen denen wir zahlreiche Schwärme von den
Vögeln sahen, die die Seeleute Meerleyern (rotges)
nennen, die alca alle Penants. Es ist ein sehr schö-

ner kleiner Vogel, den Penant gut beschrieben hat.
Wir schossen einen und fanden, daß er gut zu
essen war.

Es möchte nöthig seyn, hier eine Erklärung
der eben gebrauchten Ausdrücke Ströme und Flacken
(streams et patches) Eis, und einiger andern zu
geben, durch die man gewöhnlich die unterschiedenen
Formen beschreibt, in denen man das Eis in diesen Gegenden trifft.

Die ungeheuern Massen Eis, die man in der
Davisstraße und zuweilen bey Spitzbergen (Greenland) trifft, nennt man Eisberge oder Eisin-
seln (icebergs or iceislands). Liegt eine Anzahl Stücke so zusammen, daß man sie von der
Mastspitze nicht übersehen kann, so nennt man dieß
einen Pack (a Pack). Kann man über die An-
sammlung wegsehen und ist sie rund oder vieleckigt,
so heißt sie ein Flacken (Patch), ist sie läng-
lich, so heißt sie ein Strom (Stream), sey sie
auch noch so schmal, wenn nur die Stücke an einander liegen.

Ein Feld (field) ist eine zusammenhängende
Eisfläche, die so groß ist, daß man sie nicht von
der Mastspitze übersehen kann. Große Eisstücken,
die aber kleiner als Felder sind, heißen Floße
(floes). Felder kann man also mit Packen und
Floße mit Flacken vergleichen.

Kleine Stücke, die von den großen abbrechen,
heißen Eisbraß (icebrash) und kann dieses in
Strömen oder Flacken sich gesammelt haben.

Man sagt Eis ist lose (loose), offen (open), oder treibend (drift), wenn die Stücken so getrennt sind, daß ein Schiff durch kann.

Ein Höker (hummock) ist eine Hervorragung, die auf irgend einer Eisfläche über der Ebne hervorstehet. Eine Wade (calf) ist ein Stück Eis, das auf dieselbe Weise herabgedrückt worden wie ein Höker gehoben worden, in dem nämlich Stücken Eis einander zerquetschen.

Diese Erklärungen sind aus Herrn Scoresby's Abhandlung über Polareis. Er giebt auch an, daß Eis von süßem Wasser von dem von Seewasser durch seine Schwärze, so lange es in der See schwimmt, und durch eine sehr schöne grüne Farbe, wenn man es heraus nimmt, unterschieden werden kann. Ich will gerne zugeben, daß dieß mehrentheils der Fall ist, glaube indeß, daß Eis süß (fresh) seyn kann, ohne diese merkwürdigen Eigenschaften zu haben, denn das, was wir gestern von dem Eisberg mitnahmen, war vollkommen süß, obgleich es im Wasser nicht schwarz, und außer demselben nicht grün, sondern weiß oder krystallartig aussah, besonders in der Luft, während der Theil des Eisberges, der über dem Wasser war, mir mehr ins Blaue als ins Grüne zu spielen schien. Es mag vermessen seyn, daß ich einem Mann widerspreche, der so viele Gelegenheit gehabt hat, diesen Gegenstand gründlich kennen zu lernen; mit aller Achtung für seine größeren Kenntnisse muß ich ihm aber doch in Rücksicht der Farbe des Eises von süßem Wasser widersprechen. Sollte

ich finden, daß die angegebene Beobachtung als
einzige Ausnahme von der Regel da steht, so
werde ich es späterhin angeben.

Den Vormittag des Mittwochen, als den 3ten
Juny, mußten wir östlich segeln, um frey von Eise
zu bleiben, das nördlich und westlich in Flacken
und einzelnen Stücken reichte so weit man sehen
konnte, indeß konnte man der dicken Luft halber
dieß nicht weit. Zwischen 12 und 1 Uhr N. M.
sahen wir die Küste Grönlands zum zweyten Mahl,
denn den 31sten hatte man sie undeutlich von der
Mastspitze bemerkt. Auch war fast unsere Entfernung zu groß, als daß wir das Land hätten deutlich sehen können, als wir demselben am nächsten
waren, ehe wir nämlich umlagten; unsere Entfernung davon wurde damals nämlich auf 50 Meilen
(miles) geschätzt. Auch von der Isabella wurde
durch den Telegraphen angezeigt, daß wir so weit
vom Lande wären.

Man konnte nicht erwarten, in solch einer
Entfernung viel zu sehen, wir sahen aber genug,
um uns von der öden und traurigen Beschaffenheit
Grönlands eine Vorstellung machen zu können.
Denn statt daß das Auge und Gemüth erheitert
worden wären, wie gewöhnlich der Fall ist, wenn
man nach einer Seereise zuerst Land sieht, wirkte
die trübe Aussicht auf beschneyte Berge und
schwarze Klippen oder Abgründe, auf denen wegen ihrer Steilheit weder Schnee noch Eis liegen
könnte, nur niederschlagend. Wir konnten weder
die Gipfel noch den Fuß der Berge sehn, da er-

stere eine Wolke, letztere wegen der Entfernung die
See verbarg.

Wir fanden, daß dieser Theil der Küste auf
den Karten zu sehr östlich dargestellt ist, nach unsern Chronometern mehr als 2 Grade, wenn wir
nämlich nicht weiter davon waren, als wir zu seyn
glaubten.

Donnerstag den 4ten sahen wir das Land besser als gestern, da das Wetter heller war, wir
waren übrigens wol noch eben so weit davon. Am
Horizont über dem Land war es wolkenleer und
wir konnten deutlich die Spitzen der Berge auf
eine gute Strecke ins Land hinein sehen. Sie
schienen fast alle gleich hoch, alle spitz und durch
kleine Thäler getrennt, die mit Schnee bedeckt oder
vielmehr gehüllt waren. Alles was wir vom Lande
sahen, die schwarzen Klippen und Abgründe abgerechnet, war damit bedeckt.

Unsers Königs Geburtstag wurde in unserm
kleinen Kreise nicht vergessen, denn seine Gesundheit wurde nach Tische so herzlich und freudig ge-
trunken, als bei irgend einem Mahle in seinem
weiten Reiche.

Während den beiden folgenden Tagen fiel nichts
merkwürdiges vor. Da der Wind uns grade entgegen war, waren wir gezwungen, fast auf demselben Wege zwischen Land und Eis zu kreuzen.
Der Raum zwischen diesen beträgt nicht über 80
bis 90 Meilen, denn wir sahen in 24 Stunden
immer beide. Wir erkennen immer, daß wir uns
dem Eise nähern ehe wir es erreichen oder sehen,

da fast immer in der Richtung, wo es liegt, ein weißer Nebel, ein Schimmer, der gewöhnlich der Eisblick (iceblink) genannt wird, längs dem Horizont liegt. Dieser Schimmer nimmt gewöhnlich eine eigenthümliche Form, die eines Abschnittes aus einem großen Kreise an, dessen Konvexität nach oben gerichtet ist. Der mittlere Theil desselben erreicht gewöhnlich eine Höhe von 5 Graden. Mehrentheils stießen wir einige Meilen von der großen Eismasse auf einzelne kleine Eisstücke, die, wie wir weiter kamen, an Menge und Größe zunahmen. Ich habe auch bemerkt, daß in der Nähe des Eises immer mehr Vögel sind.

Vom 6ten bis zum 9ten arbeiteten wir uns durch das Eis, welches den letzten Tag so dicht an einander gepackt war, daß es unmöglich war in irgend einer nördlichen oder westlichen Richtung durchzukommen, da es vom Land westwärts, so weit wir sehen konnten, herüber reichte. Nachdem wir zwischen dem losen Eis uns so weit als möglich durchgearbeitet hatten, näherten wir uns endlich dem Land und legten uns an einen Eisberg fest *), der 3 oder 4 Meilen vom Land, oder vielmehr von einigen Inseln, die zwischen uns und dem Hauptlande lagen, auf dem Grund saß. Wir waren nicht lange hier, als eine Anzahl Eskimaux

*) Die gewöhnliche Art wie man sich am Eis festmacht, besteht darin, daß man ein kleines Loch darin hauet, und darin einen starken eisernen Haken befestigt, den man einen Eisanker nennt, an dem sich ein Troß oder eine Leine befindet.

in ihren Kähnen an uns heran kamen. Einige hatten einiges wilde Geflügel, Eyer und Robbenfelle zu verhandeln, und die andern schienen bloß aus Neugierde gekommen zu seyn. Vorzüglich schienen sie Kleidungsstücke, Eisen, Taback und Branntwein erstehen zu wollen, indeß glaube ich, mochten sie alles gerne. Sie hatten aber so wenig zu verkaufen, daß nur wenig von dem, was sie verlangten, ihnen gegeben werden konnte, es sey denn, man hätte es ihnen geschenkt. Sie erzählten uns mittelst Verdollmetschung ihres Landsmanns Sackhouse *), daß bis jetzt kein Wallfischfänger wegen des Eises nördlicher habe herauf kommen können. Wir bezweifeln indeß diese Erzählung, die sie wahrscheinlich erfunden haben um uns hier aufzuhalten und sich einen guten Markt zu verschaffen. Die von mehrern Schriftstellern von den Grönländern und ihren Kanoes gegebne Beschreibung, stimmt so gut mit dem was wir bisher gesehen haben überein, daß es überflüssig scheinen möchte, daß ich ihre Schilderung versuche;

---

*) Er ist hier geboren; ich glaube an der Südostbay. Er wurde vor zwey Jahren durch eine nach Leith gehörige Fischerey-Schmack dahin gebracht. Der Rheder derselben scheint sich viel um ihn bekümmert zu haben, denn er kann ein wenig lesen und schreiben, und hat einen Begriff vom Zeichnen. Das Englische spricht er ziemlich. Er ist bey uns als Dollmetscher angestellt, doch beschränkt er sich nicht darauf, da er mit den Matrosen arbeitet, und wie ich höre, fast eben so brauchbar und willig als einer von diesen ist.

da ich aber meine Bemerkungen nicht bloß auf das beschränken will, was mir neu scheint, so werde ich kurz unsere Gäste und ihre Kajaks oder Kanoes beschreiben.

Die ersteren waren noch unter der mittleren Größe aber gut gebauet und stark. Ihr Gesicht war im Durchschnitt doch nicht immer breit, denn einige hatten sehr starke Backenknochen und ein langes Gesicht. Die mit breiten Gesichtern hatten eine glatte Nase und dicke Lippen. Sie hatten kleine tiefliegende Augen und eine in das schmutzige Olivfarbene ziehende Haut. Einige hatten lange Bärte, und andere sahen sehr kahl im Gesicht aus, als wenn ihnen der Bart ausgerupft wäre. Ihr Haar war schlicht, grob und pechschwarz. Ihr Anzug war größtentheils aus Robbenfellen gemacht und bestand in einer Art Kittel und in Beinkleidern, an denen der haarichte Theil nach außen gekehrt war. Auf dem Kopf hatten sie eine Art Perücke. Diejenigen die ich außerhalb ihrer Kanoes sah, hatten Stiefeln an, die ebenfalls aus Robbenfellen gemacht waren, doch war die haarichte Seite hier immer inwendig. Ihre Hände und Füße schienen mir in Verhältniß ihres Körperbaues klein, doch will ich nicht zu sehr auf Kleinigkeiten bey ihnen Rücksicht nehmen, da wir wohl noch Gelegenheit haben werden Eingeborne in einem ursprünglichern Zustande zu sehen, als in dem unsere dermaligen Gäste sind, die mir eine aus Dänen und Eingebornen gemischte Race zu seyn scheinen; auch würde ein einzelner Besuch einiger wenigen kaum hinreithen, einen nur einigermaßen richtigen Begriff von einem ganzen Volk zu geben.

Ihre Kanoes bestanden aus Robbenfellen, die auf einem hölzernen Rahmen dicht zusammen genähet waren. Im Durchschnitt waren sie 16 bis 18 Fuß lang, aber sehr eng, indem sie fast nie über 2 Fuß breit waren. Ihre Gestalt war fast die eines Weberschiffs, beyde Enden sind indeß ein wenig aufwärts gedrehet, das hintere ein wenig mehr als das vordere. In der Mitte ist ein kreisförmiges Loch, worin der Grönländer sitzt, und so wenig umzuschlagen fürchtet, als säße er in der schönsten Barkasse. Rund um den Rand dieses Loches befestigen sie den Zipfel oder das untere Ende ihres Robbenfellkittels, und dadurch wird das Kanoe selbst bey dem stürmischsten Meer wasserdicht. Wenn sie sich ausruhen wollen, so lehnen sie sich auf eine Seite und stützen sich auf das Ende ihres Ruders. Ich habe indeß gesehen, daß einige ohne diesen Kunstgriff, der vielleicht nur bey stürmischen Wetter nöthig ist, sich im Gleichgewicht halten.

Ihre Ruder sind 5 bis 6 Fuß lang, in der Mitte, wo sie sie halten schmal, und an beyden Enden breit. Dadurch, daß sie abwechselnd an jeder Seite damit schlagen, gleiten sie mit einer Schnelligkeit durch das Wasser, die der des geschwindesten Ruderbots gleich kommt, wenn nicht gar sie übertrifft. Wegen der Geschicklichkeit mit der sie ihre Kanoes regieren, glaube ich, daß sie

völlig sicher darin sind, obgleich jemand der daran
nicht gewöhnt wäre, in Gefahr wäre umzuschlagen.

Was an diesen Böten in andern Gegenden als
ein Fehler betrachtet werden würde, ist in diesem
Land eine wesentliche Eigenschaft; vorzüglich betrifft
diese Bemerkung ihre Leichtigkeit, denn, wenn sie
in Gefahr sind vom Eis eingeschlossen zu werden,
so steigen sie auf dieses hinauf und können ihr
Kanoe leicht auf der Schulter oder selbst unter dem
Arm tragen. Daß sie so flach auf dem Wasser
sind, ist wieder ein Vortheil, denn sie können dicht
an Robben und Vögeln kommen ohne bemerkt zu
werden. Ihre Geräthschaft zum Fisch- und Vo-
gelfang, Speere, Harpun, Leinen und Lanzen,
liegt vor ihnen, ein aufgeblasenes Seehundsfell aber
hinten. Diese Geräthschaften sind, obgleich einfach,
sehr gut zu ihren Zwecken eingerichtet. An dem
Harpun mit dem sie die Robben tödten ist das
aufgeblasene Seehundsfell mit einem langen Riemen befestigt. Diese Boye dient zu einem doppel-
ten Zwecke, sie zeigt erstens die Richtung an die
die Thiere nehmen, so daß sie leichter verfolgt werden können, und zweytens erschöpft sie ihre Kräfte,
weil sie, wenn sie verwundet sind, immer untertauchen und durch das Arbeiten gegen das hebende
Fell in kurzer Zeit ihren Verfolgern in die Hände
fallen.

Nach diesen flüchtigen Bemerkungen über die
befeßten Einwohner dieser traurigen Gegenden,
wende ich mich zu Gegenständen, die mehr unmit-
telbar zum Zweck gehören.

Obgleich wir vom Eise in der Fortsetzung
unserer Reise unterbrochen wurden, verfloß die Zeit
nicht ungenützt. Denn es wurden im Laufe des
Nachmittags mehrere Beobachtungen auf dem Eisberge, an den wir uns befestigt hatten, gemacht.

Aus diesen Beobachtungen ergiebt sich, daß
dieser Theil der Küste auf den Charten fast 3
Grade östlicher gezeichnet ist, als wo er seyn sollte.

Die Länge betrug nach den Charten 50°, 50'. W.
—   —   —   Mondsdistanzen 53. 42. —
                                      2. 54. W.
Die Breiten nach Beobachtung
  Mittags   .   .   .   68°, 22', 15. N.
Dieselben nach Mitternachts-
  höhen   .   .   .   68, 25, 43. —
Die Länge nach Mondsdistanzen 53, 42, 00. W.
Die Abweichung   .   .   67, 32, 00. —
Die Neigung der Magnetnadel 82, 30, 00. —

Abgesehen von der Bequemlichkeit, die der
Eisberg darbot, um magnetische Beobachtungen
zu machen, insofern die Magnetnadeln hier keiner
örtlichen Anziehung unterworfen waren, die kürzlich am Bord sehr bedeutend auf sie gewirkt hatte,
bot er auch einen Gegenstand der Nachforschung
an und für sich dar. Er war nämlich, obgleich
keiner der größten, die um uns waren, groß genug, um einigermaßen eine Vorstellung von der
Größe der ungeheuern Massen zu geben, die wir
täglich sahen. Seine Höhe über der Wasser-

fläche wurde mit dem Loth gemessen und betrug 9
Faden (54 Fuß), die Tiefe des Wassers daneben
betrug 53 Faden (318 Fuß), eben so tief mußte
der Eisberg gehen, denn er saß am Grunde fest,
so daß seine ganze Höhe nicht weniger als 372
Fuß war. Die Länge und Breite wurde nicht
gemessen, ich sollte aber denken, daß sein kürzester
Durchmesser seine Höhe bey weitem übertraf. Die
Eskimaux sagten, er sey voriges Jahr hergekommen, sie wußten aber nicht woher; er muß weit her
seyn, denn das flache Land in dieser Gegend ist
gar nicht so beschaffen, daß sich solche ungeheuere
Eismassen, als hier auf dem Grund sitzen, davon
hätten bilden können. Daß steile Ufer und tiefes
Wasser zu ihrer Bildung nöthig seyen, ergiebt
sich aus mehrern Gründen. Erstlich müssen sie um
zu schwimmen, eine größere Tiefe haben als wir
hier fanden, und zweytens haben sie, wie angegeben, mehrentheils eine senkrechte Seite, von der
ich mir vorstelle, daß sie bey ihrer Entstehung an
einem hohen Felsen oder an einem Abgrund befestigt war. Und obgleich sie aus festem dichten
Eise bestehen, so ist es doch augenscheinlich, daß
sie aus Hagel und Schnee gebildet wurden, die an
einen steilen Felsen oder Hügel fielen oder darüber
hin getrieben wurden, und so die sich ansammlende
Masse Anhalt bekam. Diese muß sich wahrscheinlich mehrere Jahre sammeln ehe sie abbricht, und
möchte es um so weniger zu bezweifeln seyn daß
sie auf diese Weise entsteht, da das Eis ganz süßes
Wasser giebt, so daß wir diesen Nachmittag einige

Gefäße damit füllten, um es zum Kochen zu gebrauchen.

Der Gedanke, daß diese Eisberge mehrere Jahre zu ihrer Bildung bedürfen, entstand bey mir dadurch, daß wir an einer Seite des oben erwähnten Eisberges ein regelmäßiges Lager Sand und Grand einige Fuß über dem Wasser fanden, und außerdem noch eine große Menge großer Steine, von denen einer fast eine Tonne wog, an mehrern Orten darin wie eingesprengt waren.

Diese Steine und besonders die Lage Sand, sind nach meiner Meinung im Sommer durch einen Regenguß von dem Berge oder Hügel, an den sich der Eisberg bildete, herabgespült worden. Künftige Beobachtung wird uns hoffentlich darüber Gewißheit verschaffen. Ein Stück Eis von diesem Berg wurde zu einem vollkommenen Würfel von 36 Linien Seite geschnitten. Als dieser in einen Eimer mit Seewasser von 32° Temperatur und 1026,9 specifische Schwere geworfen wurde, blieben 5 Linien oder fast ein Siebentel über Wasser, welches fast dasselbe Verhältniß ist, was wir zwischen dem Theil des Eisberges über und dem unter dem Wasser fanden.

In der Nacht *) schloß sich das Eis um die Schiffe, so daß wir am folgenden Morgen den

---

*) Ich werde den gewöhnlichen Unterschied von Tag und Nacht beybehalten, obgleich hier das natürliche Merkmal desselben fehlt, indem die Sonne nie unter dem Horizont geht. Vorige Nacht wurde die Breite durch Beobachtung der Sonnenhöhe um Mitternacht gefunden.

10ten Juny den Eisberg verlaſſen, und ſo gut wir
konnten in die freye See gehen mußten, wenn ich
Waſſer, das allenthalben mit Eisſtücken vermiſcht
iſt, ſo nennen kann. Wir ſahen zuerſt einen Wall-
fiſch, ein Anblick, der unſere auf den Wallfiſchfang
geweſenen Matroſen ſo erheiterte, als der von Wild
einem leidenſchaftlichen Jäger. Sie waren alle bey
der Hand, und begierig Jagd darauf zu machen.

Den folgenden Tag hatten wir zuerſt, ſeitdem
wir Shetland verlaſſen, das Vergnügen, vier
Schiffe zu ſehen, welche nach Hull hingehörten.
Eines davon, der Venerable, an Bord deſſen
wir uns begaben, hatte 7 Fiſche gefangen. Wir
erfuhren von ihnen, daß ſie ſo weit nördlich als
Diſco geweſen wären, und weſtlich davon das Meer
offen gefunden hätten. Der Froſt war im Anfang der
Jahreszeit ſehr ſtark geweſen, denn ſie hatten nach
Norden das Meer drey mal gefroren gefunden.

Von der Iſabelle wurde heute eine große
Robbe (seal) geſchoſſen, die 846 Pfund wog.
Die Länge von der Schnauße bis zum Schwanz betrug 8 Fuß und der Umfang 5 Fuß und 4½ Zoll.
Es war eine Phoca barbata. Im Herzen fand
ſich das foramen ovale ganz verſchloſſen. Ich
erwähne dieß, weil man einſt eine andere Meynung darüber hatte.

Dieſes Thier hat 8 Reihen durchſichtiger weißer Schnaußbärte, wohe? ſie den Namen hat. Die
vordern Schwimmfüße ſind 11 Zoll lang und 6
Zoll quer über die Mittelhand breit, ſie haben
5 Finger, von denen der zweyte von vorne

etwas länger als die übrigen ist, sie sind der
menschlichen Hand ähnlich, bloß daß 5 Finger
statt 4 Finger und dem Daumen da sind. Die
hintern Füße sind 16 Zoll lang, und wenn sie
ausgebreitet sind, 2 Fuß quer über die Klauen
breit. Auch an ihnen sind 5 Finger von 7 Zoll
Länge. Die Klauen sind grade, unten braun,
oben schwarz. Die obere Lippe ist rund, fleischig,
dick und erstreckt sich über der untern, die dünn
und spitz ist. Die Regenbogenhaut ist hellbraun,
der Augenstern eliptisch und senkrecht gerichtet.
Die Zunge ist fleischig, dick, leicht an der Spitze
getheilt und die obere Fläche mit Wärzchen besetzt.
Das Haar ist kurz, dick, grob und dunkelgrau.
Das Thier war männlich und so jung, daß die
Zähne kaum entwickelt waren, in der obern Kinnlade fanden sich indeß die Anfänge von 6 Vorder-
zähnen. In der untern Kinnlade war nur Platz
für 4 und diese waren noch nicht durch das Zahnfleisch, in jeder Kinnlade waren zwey Spitzzähne,
in der obern 3 Backzähne durchgebrochen, in der
untern 7. Es waren keine äußern Ohren da, die
Ohrlöcher standen zwey Zoll hinter den Augen.
Die Haut und die Knochen des Kopfes und der
Füße wurden aufbewahrt, das Fleisch war sehr
schwarz. Das Herz wurde gegessen und schmeckte
so frisch als das eines Ochsen, das Fett ausgenommen, das ranzig wie Thran war. Aus dem
an dem Thier befindlichen Fett wurden etwa 16
Gallonen Thran gewonnen.

Freytags den 12ten legten wir uns den Vor-

mittag an einen Eisberg fest, da wir aus Mangel an Wind nicht durch das Eis konnten. In
einer Spalte, die mit Seewasser gefüllt war, welches eine Strecke lang über den Eisberg lief, fanden wir eine Anzahl Clios und noch andre Weich-
thiere. Eine Art davon war von der Gestalt und
Größe eines Fingerhuts und ganz gallertartig, so
daß die Seiten zusammen fielen, wenn sie aus
dem Wasser genommen wurden. Die andere war
fast so groß als eine Erbse und pechschwarz. Die
Clios lebten von diesen letztern. Diese kleinen Thierchen sollen dennoch die Nahrung der Wallfische
ausmachen und werden deshalb von den Seeleuten
insgesammt „Wallfischfraß" genannt.

Nachmittags erhob sich ein leichter Wind und
wir verließen den Eisberg und zwängten uns wieder nordwärts durch das Eis durch. Abends bot
bey hellem heitern Wetter, der Himmel und das
Meer einen der schönsten Anblicke dar, die ich gesehen habe. Ersterer war nah am Horizont mit
gelämmerten Wolken bedeckt, die an Farbe und
Dichtigkeit abnahmen, je höher sie stiegen bis sie
im Scheitelpunkt ganz verschwanden, und da war
er ausnehmend schön blau. Das Wasser oder
vielmehr das Eis auf dessen Oberfläche, bot ein
herrliches großes Schauspiel dar, das alle die ich
kenne übertrifft. Man denke sich im Mittelpunkt
einer unermeßlichen unabsehbaren Fläche, die mit
weißen Eismassen, weißer als parischer Marmor,
gefüllt ist, deren Gestalten abwechselnder sind als
die fruchtbarste Einbildungskraft erzeugen kann,

deren Größe so verschieden als ihre Gestalt ist,
von den ungeheueren Eisbergen, die wenigstens
hundert Fuß über dem Wasser hervorragen, bis zu
den kleinen Stückchen, die kaum darüber zu erkennen sind; und man wird einsehen, daß es leichter ist, das Erhabene solch eines Anblicks zu em-
pfinden als zu beschreiben. Die nur wenig Grade
über dem Horizont stehende Sonne verherrlichte
dieses prächtige Schauspiel noch.

Den folgenden Tag fiel nichts bedeutendes vor.
Wir waren zuweilen von Strömen und Flackeneis
umgeben, durch die wir uns indeß durchzwängten.
Wir erhielten telegraphisch den Befehl, morgen dem
Schiffsvolk, als eine außerordentliche Austheilung,
von dem eingemachten Fleisch jedem ein Pfund zu
geben.

Sonntag den 14ten kamen wir bis zu den
Wallfischinseln. Der dänische Gouverneur ging
am Bord der Isabella und blieb daselbst einige
Zeit. Zwischen diesen Inseln und dem eigentlichen
Land östlich, sahen wir einige der größten Eisberge, die wir bis dahin getroffen haben. Einer
schien über 200 Fuß, über der Wasserfläche her-
vorzuragen.

Den folgenden Tag begegneten wir mehreren
Wallfischfängern, von denen einige vom Norden
herkamen, da sie in dieser Richtung nicht weiter
kommen konnten als bis zum nördlichen Ende der
Wangatstraße. Zwey, bey denen wir an Bord
gingen, der Everthorpe und Zephyr von Hull,

4

hatten nur fünf Fische gefangen, der erstere zwey, der letztere drey.

Dienstag den 16ten kamen wir bey einigen sehr großen Eisbergen vorbey, von denen einige wenigstens eine halbe Meile lang waren und deren Höhe fast 200 Fuß betrug. Der ganze nördliche Horizont schien eine zusammenhängende Mauer, ein Bollwerk aus Eis in einer oder der andern Form. Wir stießen heute auf einige besonders große Stücke, auf sogenannte Flötze.

Herr Muirhead, der das Schiff Lorklus von Leith führte, kam diesen Nachmittag am Bord, und hiedurch hatten wir Gelegenheit, Briefe nach Hause zu schicken, oder vielmehr auf einem sicheren Weg mit der Zeit dahin gelangen zu lassen, denn Herr Muirhead blieb wahrscheinlich noch einige Zeit in diesen Gegenden, da er bis jetzt nur 5 Fische gefangen hatte. Er war voriges Jahr bis zum 75° 30' N. Br. gelangt und hatte da die See ganz frey von Eis gefunden, so daß, seiner Annahme nach, das Wasser wenigstens 100 Meilen in dieser Richtung frei seyn mußte. Er war nicht ganz gewiß, welches seine Länge dermalen gewesen, er vermuthet aber, daß er ungefähr 300 Meilen westlich von der grönländischen Küste gewesen, welchen nördlichen Theil derselben er sehr niedrig fand.

Den Nachmittag segelten wir auf Wangat, oder die Haseninsel zu, an deren Nordseite wir 30 bis 40 Schiffe fanden, die an den Eisbergen längs dem Ufer fest waren. Ein solcher Anblick,

der uns in diesen unwirthlichen Gegenden plötzlich
wurde, war besonders erfreulich und ein auffallender Beweis des unternehmenden Geistes unserer
Landsleute auch in diesem Handelszweige. Alle
diejenigen, denen wir vorbey kamen, gaben uns
drey Hurrah's, die wir herzlich erwiederten. Bald
darauf legten wir uns an einen Eisberg an der
Nordostseite der Insel fest. Wir mußten daselbst
5 Tage bleiben, da das Eis nach Norden so dicht
war, daß wir vergebens eine Durchfarth versucht
hätten.

Unsere Aufenthaltszeit ging indeß nicht verloren, es wurden mehrere Beobachtungen gemacht,
die nicht am Bord gemacht werden konnten, als
die des Durchgangs der Sonne durch den Mit-
tagskreis, und über die Zahl der Schwingungen
des Pendels der astronomischen Uhr in 24 Stunden, oder vielmehr in der Zeit zwischen einem
Durchgang der Sonne durch den Meridian und dem
des andern Tages. Die Neigung und Abweichung der Magnetnadel wurde auch sehr genau
durch den Lieutnant Parry und Kapitain Sabine
beobachtet, die dieser Beobachtungen halber drey
Tage am Lande waren, und in dem Zelt, worin
die astronomische Uhr stand, wohnten. Man fand
auch, daß die Fluth und Ebbe den 3ten Tag
nach dem Vollmonde, wenn sie am größten sind,
zehn Fuß stieg und fiel.

Wenige Schritte von dem Ort, wo das Zelt
stand, waren die Trümmer einer eskimoischen
Hütte. Sackhouse erzählte uns, hier habe sonst

ein sehr starker Mann gewohnt, der deshalb von seinen Landsleuten sehr gefürchtet wurde. Nicht weit von diesen Trümmern wurden unter einem Haufen Stelne einige Menschenknochen gefunden, die, ein Paar Schädel abgerechnet, sehr morsch waren.

Unter den Trümmmern selbst fanden wir ein Stück Topfstein (lapis ollaris). Man sagte uns, daß die Eingebornen alle ihr Kochgeschirr aus diesem Stein machen. Das Stück, das wir aufnahmen, war von einem Gefäß, sehr weich, und wenn man es schabte, fettig anzufühlen. Nah dabey fanden wir ein Stück bituminöses Holz, und eine kleine Strecke davon am Ufer mehrere kleine Stücke Holz, die lange in der See gewesen zu seyn schienen. Besonders merkwürdig ist es, daß sie alle wurmstichig waren, woraus hervorzugehen scheint, das sowol im Eismeer als in den tropischen Gegenden Würmer sind. Da, wenn ich nicht irre, einige Naturforscher der entgegengesetzten Meinung sind, so werden wol noch mehrere Beweise nöthig seyn, um es ganz auszumachen, daß dieß Holz von Würmern in den Polargegenden zerfressen worden ist.

Etwa zwey Meilen südlicher fanden wir an der Küste auf einer kleinen Ebne die Trümmer einer andern Hütte. Es ist unbestimmt zu welcher Zeit diese Hütten bewohnt waren, denn die Geschichte von dem starken Mann, die uns Sackhouse erzählte, beruht auf Ueberlieferung, da sein Vater sie ihm erzählt hat. Es scheint nicht, daß jetzt

irgend ein Theil der Insel bewohnt ist? dieß ist
auch ganz natürlich, denn sie ist einer der unfrucht-
barsten Flecke, den die Natur bildete. Wo kein
Schnee liegt, findet man nur eine rauhe Oberfläche voll von Felsen und losem Gestein. Oben
auf den Hügeln findet man indeß einige Ebenen,
die nicht mit Steinen, sondern mehr mit Kies bedeckt sind. Auf diesen finden sich hin und wieder einige kleine aufschießende Sträucher, wenige
waren aber höher als zwey Zoll. Sie waren
fast alle mit einem feinen Filze bekleidet, der sie
wahrscheinlich gegen den täglichen Wechsel der
Temperatur schützt, der so stark ist, daß, wer ihn
nicht aus Erfahrung kennt, nur mit Mühe daran
glauben wird. Des Nachts, wenn die Sonne
niedrig steht, friert sogar das Seewasser und bey
Tage oder wenn die Sonne hoch steht, steigt das
Thermometer im Sonnenschein bis 84°. Dieß
wurde heute Mittag sogar am Bord beobachtet;
in den Thälern am Lande, wo die Strahlen stark
von den Bergen zurückprallen, muß es noch heißer
seyn. Da, wo in den Thälern kein Schnee lag,
fanden sich auch einige wieder auflebende Pflanzen,
eine kurze grobe Heide, eine zwergartige niedrige
Weide, und kleine Flecke Gras in den feuchten
oder morastigen Theilen derselben.

Von vierfüßigen Thieren sahen wir auf dieser
Insel nur 2 oder 3 weiße Hasen und einen Fuchs.
Das kalte Klima schien indeß das Wachsthum
dieser Thiere nicht zu hemmen, besonders nicht
bey den erstern; sie schienen mir doppelt so groß

als die Hasen in England. Auch Bären sollen
diese Insel besuchen, während wir da waren ließen
sich aber keine sehen; indeß wurde die Spur eines
solchen Thiers auf dem Eise oder vielmehr im
Schnee zwischen der Insel und dem festen Lande
bemerkt.

Vögel waren hier nicht häufig. Wir sahen
einige wenige Schneehühner (white grouse) gewöhnlich Ptormigans genannt. Schneeammern,
Lerchen und Heerschnepfen (snipes). Es möchte
nicht unpassend seyn zu erinnern, daß von den
Schneehühnern nur das Männchen weiß, das Weib-
chen aber gefleckt, wie das Rebhuhn in England,
aber größer ist.

Daher, daß diese Insel nur sehr wenige Bewohner aus dem Thierreich hat, und in Rücksicht
der Pflanzen fast ganz unfruchtbar ist, ist sie desto
reicher an Mineralien unterschiedener Art. Am
mehrsten trifft man ein Gestein, aus dem auch die
feststehenden Felsen bestehen, das schwärzlich, sehr
hart und zerbrechlich ist. Ich vermuthe, daß es
Eisen enthält. Nächst diesem findet man einen
schwarzen zellichten Stein am häufigsten, der vul-
kanischen Ursprungs zu seyn scheint. An den
Seiten der mehrsten Hügel fand sich eine Menge
eines mattweißen Steins, der sehr spröde, porös
und leicht war. Einige lose Stücke Granit lagen
auch hin und wieder, doch waren keine festen Felsen davon zu finden. Wir fanden an mehrern
Stellen eine große Menge Chalcoden, aber immer
in kleinen Stücken. Einige andere Mineralien

fanden sich hin und wieder. Das nützlichste davon
sind aber Steinkohlen; von denen ein Lager auch
in der Oberfläche und dicht an der Küste an der
Südostseite der Insel sich befindet. Diese Steinkohlen sind indeß schlecht und können nur gemischt
mit andern Steinkohlen gebraucht werden. Die
Wallfischfänger nehmen zuweilen eine kleine Menge
davon ein. Herr Muirhead, der den Lorkius von
Leith führte, nahm diesen Sommer eine größere
mit. Was ich davon sah, war schiefricht, und
wie ich höre, sind sie fast alle so beschaffen.

Nach dieser kurzen Beschreibung der Insel
Waygat und ihrer Erzeugnisse, so weit ich sie gesehen habe, kehre ich wieder zu dem, was am
Bord geschah, zurück. Da gestern Abend die Eisfloße, die die Durchfarth zwischen der Insel und
dem Hauptland hemmten, an einigen Stellen ein
wenig von einander gingen, so verließen wir den
Eisberg und fingen an uns durch das Waygat,
wie auch diese Durchfarth heißt, durchzuarbeiten.
Sie scheint mir hier 18 bis 20 Meilen breit. Als
wir mehr als die Hälfte davon zurückgelegt hatten,
legten wir uns des Morgens an einem Floß fest,
um die Mannschaft ausruhen zu lassen, da sie die
ganze Nacht aufgewesen waren, um das Schiff
zu bugsieren und durchzuarbeiten.

Wir gingen wieder vom Eise ab, und nach
sehr angestrengter Arbeit und Ausdauer kamen wir
endlich durch, und legten uns zwischen 7 und 8
Uhr Nachmittags an einen Eisberg, 4 Meilen von
der grönländischen Küste, fest. Einige von den

Wallfischfängern brachen um dieselbe Zeit sich einen Weg; die Isabella war indeß nicht so glücklich, denn das Eis hatte sie in der Nacht so umgeben, daß sie nur bis zur Hälfte durch konnte.

Die Küste war hier viel höher als die Insel Wangat. Die allgemeine Ansicht und die Stoffe, aus denen sie besteht, scheinen so weit wir es gesehen haben, dieselben zu seyn. Da wo wir uns fest gelegt hatten, sahen wir mehrere Wasserfälle, die von den felsichten Abgründen kamen, die an dieser Küste so häufig sind. An der Bucht, fast grade gegen dem Schiff über, fand sich das Rückgrat und noch einige Ueberbleibsel eines großen Seethiers, vermuthlich von einem Seeeinhorn oder Norhwal (Morodon Monoceros). Der größte Theil desselben lag unter dem Eise; man konnte indeß genug sehen, um das Element zu erkennen, zu dem es gehörte, denn wir fanden einen seiner Schwimmfüße, der 15 Zoll lang und einen Fuß breit war.

Die Größe des Rückgrats zeigte schon, daß es kein Landthier war, indem jedes Wirbelbein 6 Zoll lang und 9 bis 10 Zoll im Umkreis hatte. Auf dem Schnee und dem umgebenden Land waren viele Spuren von Bären. Etwas mehr landeinwärts fanden wir drey andre Spuren, die denen eines Ochsen glichen und von derselben Größe waren; wir verfolgten sie eine Strecke weit im Schnee, und konnten nicht herausbringen, von welchen Thieren sie wären, wahrscheinlich aber von einem großen zum Hirschgeschlecht gehörigen Thier. Wo

wir die Spur fanden, waren die Thiere südwärts
gegangen, wenigstens so viel dieß bey der Richtung
der Küste möglich war. Da uns die Größe des
Abdrucks des Hufs und die Weite des Ausschritts
auffiel, so maßen wir einige und fanden folgendes:

Breite des Hufs . . . . 4¾ Zoll.
Länge . . . . 4½ —
Entfernung des vordern Theils
eines Tritts von dem vordern
Theil des 4. Tritts dahinter . 8 Fuß 10 —

Im Lauf des Nachmittags am Montag den
22sten arbeitete sich die Isabella ganz durch das
Eis durch und kam in das freye Wasser an der
grönländischen Küste. Es ist bemerkenswerth, daß
wir bisher das Wasser in der Nähe der Küste
immer freyer von Eis gefunden als weiter im Meer
hinein, welches hingegen die Meinung derer spricht,
die die Nähe des Landes zur Bildung des Eises
nöthig halten. Man könnte indeß fragen, ob die
Floß- und Flacken-Eis, womit das Meer hier fast
bedeckt ist, nicht bey ihrer Entstehung an das
Land hiengen? Sollte nicht das Zurückstrahlen der
Sonnenstrahlen von den Bergen in einem großen
Verhältniß das Eis nah an der Küste schmelzen.

Nachmittags gingen wir wieder unter Segel
und segelten längs der Küste bis zur Vierinseln-
spitze, wo wir uns wieder an einen Eisberg legten, da es wegen des Eises unmöglich war, weiter
zu kommen. Es befindet sich daselbst ein kleines
hölzernes Haus das den Dänen gehört, die jetzt
weiter nach Norden auf den Wallfischfang gegan-

gen sind. Auch waren in der Nähe dieser sogenannten Faktorey die Trümmer einiger eskimoischer
Hütten, aber weder Eskimos noch Dänen waren
sichtbar. Es liegt im 70° 40′, 00″, der Breite
und im 54°, 40′ der Länge.

Dienstag den 23sten kamen wir durch Bugsieren, dem einzigen Mittel, wodurch wir seit einigen
Tagen bey dem wenigen Winde aus der Stelle
kamen, einige Meilen (miles) nördlicher. Nachmittags legten wir uns an einen Eisberg und
blieben die Nacht da.

Mittwoche Morgens gingen wir wieder ab,
und bugsierten längs dem Lande, bis wir durch
ein Floß Eis unterbrochen wurden, das landeinwärts mit solcher Schnelle trieb, daß wir in großer Gefahr waren an diese unwirthliche Küste geworfen zu werden, hätten uns nicht drey Wallfischfänger, der Thornton, die Ingria und die Brüder
von Hull, die glücklicherweise dicht bey uns waren,
schnell geholfen. Der gute Wille und die Hurtig-
keit, mit der diese Schiffe uns Böte zur Hülfe
schickten, macht ihnen Ehre und sie haben dafür
die größten Ansprüche auf unsere Dankbarkeit.
Nicht blos bey dieser Gelegenheit, sondern auch
bey andern haben die Wallfischfänger uns große
Verbindlichkeit aufgelegt, da sie immer zeigten,
mit welcher Schnelle und Uneigennützigkeit sie bereit
wären uns nach ihren Kräften zu helfen. Während
wir bey der Insel Waygat lagen, fing der Eisberg, an den wir uns fest gelegt hatten, wegen
einer besonders hohen Fluth an zu wackeln, als er

lostrieb, und kaum sahen sie, in welcher Lage wir
waren, als sie ihre Bote schickten uns zu helfen.
Ich muß indeß auch sagen, daß wir mit derselben
Freundlichkeit die Pflicht erfüllten, ihnen zu helfen.
Wenige Minuten, nachdem wir uns heute festgelegt
hatten, wurde das Schiff Egerton von Hull durch
ein Floß Eis auf den Grund getrieben, und unsere Bote waren die ersten, die ihm zur Hülfe kamen, und es mit Hülfe der andern Schiffe flott
machten, ehe es Schaden gelitten hatte.

Donnerstag den 25sten fiel nichts vor, da der
Wind noch stille war, und das Eis uns ganz um-
gab. Einige Offiziere gingen ans Land da keine
Aussicht zum Segeln war; fanden aber nichts
Neues weder von Pflanzen noch von Mineralien.

Freytag den 26sten erhob sich des Morgens
ein schwacher Ostwind, der bald eine Oeffnung im
Eis machte, indem er es von sich trieb, wir gingen
sogleich unter Segel, um nach der entgegengesetzten
Seite des Bergs zu kommen, aber mitten darin
wurden wir durch das Eis aufgehalten. Diese
Bay heißt gewöhnlich die Nordostbay, und eine
Einfarth an Ende derselben Jacobsbucht. Wie
weit diese Einfarth ins Land geht, weiß man nicht.
Keiner der Fischer hat das Ende derselben gesehen,
oder weiß daß man es gesehen hat. Vor einigen
Jahren fing das Schiff William von Liverpool
weit in derselben hinein mehrere Wallfische, jetzt
aber ist die ganze Oberfläche derselben so wie das
Meer hier überhaupt mit Eis bedeckt.

Nachdem wir die ganze Nacht hier herum gekreuzt waren, um eine Oeffnung zu suchen, oder vielmehr zu erwarten, fanden wir das Eis allenthalben nach Norden so dicht, daß jeder Versuch durchzukommen vergeblich gewesen wäre. Wir legten uns also Sonnabend den 27sten gegen einer unbekannten Insel über an einen Eisberg fest. Um unsern Aufenthalt so viel möglich zu benutzen, wurden einige gute Beobachtungen des Monds, des Azimuth und der Lage des Landes auf dem Eis dicht am Schiffe gemacht; es ergab sich aus diesen Beobachtungen folgendes: N. Br. 71° 02′ 22″. Westliche Länge, nach 8 Mondsdistanzen 54° 16′ 30″ und nach dem Thermometer 54° 08′ 00″. Abweichung nach 4 Azimuthbeobachtungen 76° 08′ westlich. Folgende Beobachtungen der Lage wurden zugleich mit den obigen gemacht:

Der westliche Theil der unbekannten Insel .... Süd 84° Ost
Der östliche Theil der unbekannten Insel .... Süd 19° Ost ⎫ nach
Mittelpunkt dessen was eine ⎮ dem
Insel mitten in der Jakobs- ⎬ Kom-
straße zu seyn schien .... Süd 6° 30′ West ⎮ paß
Westl. Land nach Süden Nord 83° West
Dasselbe nach Norden bey ⎭
Black Hook .... Nord 22° 30′ Ost

Abends verließen wir den Eisberg und segelten die ganze Nacht umher, um eine Oeffnung im Eis, wenn eine wäre, zu benutzen.

Sonntag den 28sten fiel nichts bemerkenswerthes vor. Der Lieutenant Parry las der Mannschaft Gebete vor, wie er während der ganzen Reise gethan hatte, obgleich ich es nicht regelmäßig erwähnt habe. Er hat, glaube ich, nur einen oder zwey Sonntage vorübergehen lassen, ohne Gottesdienst zu halten, und das nur wegen stürmischen Wetter, oder weil die ganze Mannschaft an der Arbeit war, wie vorigen Sonntag.

Diesen Tag und den folgenden war das Wetter besonders schön, und abgerechnet, daß dann und wann ein Lüftchen wehete, fand vollkommene Windstille statt. Dieß war ein großes Hinderniß für uns, da vermuthet wurde, daß ein starker Wind in einen oder zwey Tagen das Eis mit dem wir umgeben waren aufbrechen würde, da es in dem Zustande war, den die Seeleute faul nennen, nämlich voller aufgethaueten Hölen. Es muß sehr schnell gethauet seyn, denn die mittlere Temperatur der Luft war seit mehrern Tagen 40°. Die des Seewassers an der Oberfläche war selten einen bis zwey Grade über den Gefrierpunkt, dennoch war das Eis, das im Wasser war, immer in einem aufgelöseteren Zustande als das in der Luft. Als einen Beweis dafür muß ich angeben, daß alle auf dem Grunde festsitzende Eisberge, an dem Theil, der unter der Höhe der Fluth war, auf eine beträchtliche Tiefe ausgehölt oder weggewaschen waren. Dasselbe gilt von den Floßen und losen Eisstücken, indem ihr Rand immer so ausgehölt ist, daß man mit Vorsicht auf sie hinauf steigen muß, da wer auf den Rand trat, gewiß war ihn abzubrechen, und ein kaltes Bad zu bekommen.

Ungeachtet der Menge Eis und Schnee, die täglich auf der Oberfläche des Wassers und am Lande sich auflöseten, fanden wir die specifische Schwere des Seewassers nicht bedeutend verändert, da sie gewöhnlich ungefähr 1027 war, beynahe so groß als wir sie im atlantischen Ocean fanden. Ich kann mir das nur durch die niedrige Temperatur und dadurch entstehende Dichtigkeit erklären.

Ich muß noch angeben, daß wir am 27sten von dem Schiff Midleton von Aberdeen ein Junges von einer phoca barbata bekamen. Von seiner Lebensart kann man noch nichts sagen, es hat in Rücksicht seines Alters Spuren von großer Klugheit gezeigt. Es war nur wenige Stunden am Bord, als es die einzigen Löcher auffand, durch die es über Bord konnte. Dieß waren 2 viereckigte Löcher durch die die Rinne ging, auf welcher das ausgepumpte Wasser ins Meer lief. Als nun diese Löcher mit Matten zugemacht waren, versuchte es mehreremale sie durch seine Vorderfüße zu öffnen. Es nimmt keine Nahrung wenn man sie ihm nicht aufzwingt. Seitdem es gefangen worden, ist es mit Mehl und Wasser gefüttert worden, das zu einem dünnen Brey gemacht wird. Dieß scheint aber zu seiner Erhaltung nicht hinreichend zu seyn, da es täglich abnimmt. Es scheint eins der harmlosesten Thiere zu seyn, da man es wie den zahmsten Hund behandeln kann. Zuweilen wenn es gestört wird, erhebt es ein trauriges Geschrey wie das eines Kindes. Da es schon seit 3 Wochen gefangen gewesen, so scheint es ganz hülflos geworden zu seyn, selbst in seinem flüssigen Element. Als man es gestern ohne an einem Strick befestigt zu seyn, über Bord ließ, so schwamm und tauchete es ein wenig und kam dann an das Boot das ihm folgte, wie es schien um wieder am Bord zu kommen. Beym Tauchen braucht es die Vorderfüße wenig oder gar nicht, wenn es sich im Wasser aufrichtet, sind die Hinterfüße unthätig, beym Schwimmmen werden aber beyde gebraucht. Wenn es sich auf dem Verdeck bewegt, so braucht es die Hinterfüße nicht, da es mehr hüpft oder springt, indem es durch Krümmen des Rückens den hintern Theil des Körpers aufzieht und sich dann mittelst der Vorderfüße nach vorne wirft. Auf diese Weise kommt es auf einer kurzen Strecke eben so schnell fort, als ein Mensch mit gewöhnlichen Schritten. Ich vermuthe daß ehe es gefangen wurde, es größtentheils von Muttermilch lebte, denn wie ein Matrose sich ihm nähert saugt es an den Hosen desselben. Größentheils schläft es, zuweilen auf dem Rücken liegend, mehrentheils aber auf der Seite. Folgende Ausmessungen wurden an ihm angestellt:

Länge von der Schnauze bis
zur Spitze der Hinterfüße . 3 Fuß 2 Zoll.
Umfang des dicksten Theils des
Kopfs . . . . . 1 — 2¾ —
Umfang des Halses wenn er
zusammengezogen war . . 1 — 5½ —
Umfang des Leibes hinter den
Vorderfüßen . . . 1 — 10¼ —

Umfang des Leibes vor den
Hinterfüßen . . . . . 1 Fuß 5¼ Zoll
Umfang des Leibes wo die
Hinterfüße anfangen . . — — 10 —
Umfang eines Vorderfußes
dicht am Leibe . . . . — — 7 —
Länge der Vorderfüße . . — — 7 —
— — Hinterfüße . . — — 8 —
Umfang der Hinterfüße dicht
am Leibe . . . . . — — 6 —
Länge des Schwanzes . . — — 3½ —
Dicke des Schwanzes dicht
am Leibe . . . . . — — 3½ —

Zähne im { 6 Schneidezähne
Oberkiefer { 2 Hundszähne an jeder Seite einen
{ 10 Backzähne — — fünf
Zähne im { 4 Schneidezähne
Unterkiefer { 2 Hundszähne
{ 10 Backzähne.

Die ausgespannten Hinterfüße — Fuß 10 Zoll
— Vorderfüße — — 5 —

Die Ohrlöcher lagen etwa einen Zoll hinter den
Augen und waren so weit daß ein dicker Gänsekiel
hinein konnte. Die Nasenlöcher standen wie beym
Hunde, an der Oberlippe waren starke Borsten.
Wenn es still lag so schlug das Herz 90 mal in
der Minute. Es wog 30 Pfund.

Zum Schluß meiner Bemerkungen über Robben muß ich noch angeben, daß wir seit einigen
Tagen mehreremale versucht haben an die zu gelangen, die hin und wieder auf dem Eise sich sonnten.

Da sie auch auf eine bedeutende Entfernung vom Wasser her gesehen wurden, und oft mitten auf einem Eisfloß von mehrern Meilen Umfang lagen, so suchten wir es anfangs so einzurichten, daß wir sie tödten wollten, ehe sie den Rand des Eises erreicht haben konnten. Wir merkten aber bald, daß ihr Schlupfwinkel ihnen näher war als wir glaubten, denn wir fanden immer, daß sie am Rande eines runden Lochs, das durchs Eis ging, lagen, so daß, wenn wir uns auf Schußweite ihnen genähert hatten, sie nur einen Sprung machten und verschwanden.

Heute ging der Lieutenant Parry mit noch vier andern Officieren, von denen zwey von der Isabella waren, auf Befehl des Kapitain Roß an Bord des Adler von Hull, um eine Untersuchung über das Verfahren eines Theils der Mannschaft desselben anzustellen, die in voriger Woche eine muthwillige Barbarey bey der Vierinselspitze ausgeübt hatten, indem sie das der dänischen Faktorey gehörige Haus niederbrannten.

Die Untersuchung ergab, daß zwey Matrosen ohne Wissen des Schiffers ans Land gegangen waren, und zwar in der Absicht das Haus abzubrennen; denn sie hatten ein Feuerzeug mitgenommen. Ihre einzige Entschuldigung, die sie als Beweggrund zu einer so schändlichen Handlung angaben, war, daß das Haus von andern Personen früher geplündert und zum Theil niedergerissen war, so daß sie es nur als einen Zeitvertreib, oder um ihre eigenen Worte zu gebrauchen, wie eine Schnurre betrach-

5

teten den Spaß zu beendigen, welches sie mit sol-
chem Erfolg thaten, daß nicht eine Spur von dem
ganz aus Holz bestehenden Gebäude übrig blieb.
Herr Bruce, der Schiffer des Adler, versprach
dem dänischen Generalinspektor in Leifle-Bay von
der ganzen Verhandlung Kunde zu geben, damit
der Schade geschätzt und durch die, die ihn angerichtet hätten, bezahlt würde.   Ich vermuthe indeß, daß der Sold zweyer Matrosen nur wenig
von dem angerichteten Schaden wird ersetzen können, da der Werth eines Hauses in diesen Gegenden durch die Schwierigkeit die Baustoffe, vorzüglich das Holz herbeizuschaffen, sehr erhöhet wird.
Hoffentlich wird indeß, was auch die Zahlfähig-
keit der Schadenstifter seyn mag, die Sache nicht
unbemerkt bleiben, damit andere von einer so un-
verantwortlichen Handlung gegen ein befreundetes
Volk abgehalten werden mögen.

Dienstag den 30sten wurde Sackhouse nach einer
kleinen Niederlassung geschickt, die die Dänen an der
Südseite von Jacobsbucht haben, um den Eingebornen zu sagen, daß es uns angenehm seyn würde,
einige von ihnen am Bord zu sehen.   Den Nachmittag kamen 7 Kanoes, wo in einem ein Däne
war, der zu der Gesellschaft gehörte, deren Haus
verbrannt worden.   Er erzählte, daß er mit seinen Gefährten in einem Monat nach dieser ihrer
Winterwohnung zurückzukehren dächte; wie werden
sie aber erstaunen, wenn sie an der Stelle desselben
nur Asche finden werden.   An dem Ort, von dem
sie nun kamen, hatten sie 3 Fische und eine be-

deutende Menge Robbenfelle bekommen. Die Wallfische gehören den Dänen, die im Sommer mittelst einem oder zwey Schiffen allen Trahn, der
so in den unterschiedenen Faktoreyen und Nieder-
lassungen gewonnen wird, sammeln, und ihn nach
Leifle, ihrer Hauptniederlassung, nördlich bringen,
von wo er nach Dännemark verschifft wird. Da
die Robbenfelle den Eingebornen zur Kleidung dienen und das Fleisch zur Nahrung, so bekommen sie
diese als ihren Theil an der Beute. Denn die
Eingebornen helfen den Dänen zu der Zeit des
Fischens und bekommen dafür Kochgeschirre, Fisch-
geräthe, und viele andere Dinge zum Nutzen und
zum Putz, Messer, Nadeln, Spiegel, Perlen
u. s. w.

Den folgenden Tag den 1sten Jul. besuchten uns
4 eskimoische Frauen und ein junges Mädchen. Sie
waren aus der Gegend, wo die Männer hergekommen waren, und kamen in einem großen Boot,
das gewöhnlich ein Weiberboot und in ihrer Sprache
Umiak heißt. Es bestand aus denselben Stoffen
als ihre kleinen Kanoes, aus Seehundsfellen über
einen hölzernen Rahmen genäht, hatte aber eine
andere Gestalt, indem es wie unsere Boote oben
offen und fast eben so gebauet war. Das, worin
die Frauen kamen, war groß genug, daß 12 Personen mit Sicherheit darin hätten fahren können;
es waren dermalen 8 Personen, eben so viele Hunde
und ein Schlitten darin.

Die Männer waren nur wenig von denen, die
am 9ten und 10ten des vorigen Monats an Bord

gekommen waren, unterschieden, so daß wenig
Neues über sie gesagt werden kann. Ueber die
Weiber werden einige Bemerkungen indeß wohl
nicht unangenehm seyn. Ihr Anzug war nicht
viel von dem männlichen unterschieden, ich konnte
nur in dem Schnitt ihrer Jacken eine Verschiedenheit
finden. Die der Weiber hatten eine Klappe hinten
und vorne, während die der Männer rund herum
grade waren. Diese Klappen waren wie der ganze
untere Rand der Jacke mit einer Reihe Perlen
verziert, die Ränder und die Brust waren auch
mit einem schmalen Streifen rothes Leder einge-
faßt, die Männer trugen hingegen gar keine Ver-
zierungen. Beinkleider und Stiefeln trugen beide
Geschlechter auf einerley Weise.

Die Weiber hatten keinen Kopfputz, ihr Haar
war sehr nett in einen Knoten auf den Scheitel
aufgebunden. Die Männer hatten Kappen aus
Hundsfellen, die andern Theile ihres Anzugs waren
wie bey den Weibern aus Robbenfellen. Zwey
der Weiber sahen mehr den Dänimen als den
Eskimoerinnen ähnlich, und eine davon würde in
europäischer Tracht für hübsch gehalten worden
seyn. Sie war bedeutend größer als die andern
zwey, die alle eigenthümlichen Züge der Grönländer hatten, nämlich ein breites, vierecktes, flaches
Gesicht, eine Mopsnase, kleine eingefallene Augen,
und schwarzes, grobes, schlichtes Haar.

In ihrem Benehmen waren sowol Männer als
Weiber ernsthaft, bescheiden und ohne Anmaßung.
Dieß rechtfertigt einigermaßen das Lob, das sie sich

felbst beylegen, wenn sie das Betragen eines Frem-
den billigen. Bey solchen Gelegenheiten sagen sie:
„er ist so bescheiden als ein Grönländer." Kapitain
Roß gab ihnen zwey Büchsen und mehrere Kleinigkeiten für die Hunde, den Schlitten und einige der
Weiberanzüge. Die Hunde sind ungefähr so groß
als Schäferhunde und haben kurze aufstehende Ohren wie ein Wolf. Sie sind von verschiedenen Farben, indem einige schwarz, andere grau u. s. w. sind.
Ihr Geschirr besteht aus kleinen Riemen, von denen
einer um den Hals und einer um den Leib ein wenig
hinter den Vorderfüßen geht. An diesem sind die
Züge, die aus demselben Stoffe bestehen, befestigt,
und mittelst diesen wird der Schlitten gezogen. Dieser besteht aus Tannenholz, das sehr plump zusammengesetzt ist. Er hat zwey Seitenkufen, deren
Hinterende aufwärts gebogen ist, zwischen diesen liegen kleine schmale Bretter in einiger Entfernung von
einander, und zwischen den aufrechten Stücken hinten sind einige Riemen befestigt, welche die Rücklen-
nen für die im Schlitten Sitzenden bilden. Ich habe
ihn nicht gemessen, glaube aber, daß er 4 bis 5 Fuß
lang und 3 Fuß breit ist.

Nachmittags den 2ten July erhob sich ein südlicher Wind, der eine Oeffnung im Eis längst der
Nordseite der Bay machte. Der Eifer, mit dem
alle Schiffe sich durch das Eis durcharbeiteten, zeigte,
mit welchem Vergnügen die Schiffsmannschaft sich
von der Einsperrung durch das Eis erlöset fühlte.
Mehr als 30 Schiffe gingen durch die Oeffnung so
dicht an an einander, daß sie, glaube ich, keine Qua-

dratmeile einnahmen. In der Nacht kamen wir bey
einer ungeheuern Menge Eisberge vorbey, die so
dicht an einander waren, daß man sie unmöglich
zählen konnte, aber selbst nach einem mäßigen Ueber-
schlag müssen es tausend gewesen seyn. Einige waren gewaltige Massen und hatten die sonderbarsten
Gestalten.

Den 3ten July hatten wir leichte südliche Winde,
wodurch wir, da das Wasser frey war, etwas weiter
nördlich kamen. Um Mittag war unsere nördliche
Breite 71° 30′ 13″. Wir waren mehrentheils 20
bis 30 Meilen vom Lande und fanden diesen Raum
ziemlich eisfrey, da wir nur einige Eisberge trafen.
Nach Westen war das Meer, so weit man sehen
konnte, ebenfalls offen. Die Wallfischfänger konnten sich also nach allen Richtungen verbreiten, indem
einige auf das Land zu, andere nach Westen steuerten, und einige wenige bey uns blieben. Die Küste,
an der wir heute vorbeysegelten, schien nicht so hoch
als die südliche, und die Bergspitzen waren nicht so
uneben.

Sonnabend den 4ten war das Meer noch eisfrey,
sowol zwischen uns und dem Land als westlich. Den
Nachmittag waren wir Hope Sanderson oder wenigstens einem hohen Hügel gegenüber, der in der
Breite lag, wo auf den Karten dieser Ort angegeben
ist. Wir konnten jetzt nördlich einige Inseln sehen,
die uns die südlichsten der Weiberinseln (women is-
lands) zu seyn schienen. Auf unserer weitern Fahrt
fanden wir heute das Meer voll mit dem Ansehen

nach kleinen Theilchen einer schleimichten gelblichen
Materie. Dieß nannten einige Seeleute Wallfischfraß.

Sonntag den 5ten July kamen des Morgens
zwei Einwohner der Weiberinseln in ihren Kanoes
an uns heran. Sie erzählten uns, indem Sackhouse verdollmetschte, daß das Meer nach Norden
offen sey, daß auch den ganzen vorigen Winter sie
kein Eis auf diesem Theil der Küste gehabt hätten.
Es läßt sich dieß schwer mit dem reimen, was uns
die südlicher wohnenden Dänen erzählten, indem es
entweder hier gelinder als südlich gewesen seyn, oder
einer der Erzähler uns entweder durch Zufall oder
mit Willen irre geleitet haben muß.

Den Nachmittag bekamen wir zwei der eskimoischen Hunde von der Isabella. Da wir nicht mit
ihr gesprochen, seit wir Jacobs Bucht verlassen hatten, so waren wir wegen Sackhouse, der, als wir
segelten, am Lande war, in Sorge gewesen. Mit
Vergnügen vernahmen wir, daß er am Bord der
Isabella gekommen war, ehe sie absegelte. Er war
durch einen Zufall so lang am Land gewesen, den er
sich durch seine Thorheit oder vielmehr Unwissenheit
zugezogen hatte, da er nämlich seine Flinte überla-
den hatte; um desto gewisser zu tödten, oder, wie
er sagte, „je mehr Pulver, desto mehr todtmachen,“
so zerbrach sie ihm das Schlüsselbein.

Montag den 6ten kamen wir an mehrern Eisbergen vorbei, von denen einer in 123 Faden auf dem
Grund saß. Die Höhe desselben über Westen war
nach Lieutenant Parry's trigonometrischen Messun-

gen 123½ Fuß, welches etwa in dem Verhältniß von
1 zu 7 über Wasser ist, wie sich bey dem Versuch
mit dem Eiswürfel am 9ten Juny zeigte.

Zwischen den Eisbergen fanden wir eine bedeutende Menge dünnes Eis. Den Nachmittag hatte
das Wasser ein ungewöhnliches gelbes trübes Ansehen, aber weder die Wärme noch die specifische
Schwere zeigten eine besondere Veränderung; die
erste war 35°, die letztere 1026, 6., was nicht sehr
von dem abwich, was wir die letzten Tage gefunden
hatten. Es waren noch einige Wallfischfänger bey
uns. Einer, der Royal George von Hull, fing heute
Abend einen Wallfisch.

Dienstag Vormittags wurden wir etwas durch
große Eisfloße aufgehalten, um die wir in mehrern
Richtungen segeln mußten, um nach Norden zu kommen. Nachmittags kamen wir zu einer kleinen
Gruppe felsichter Inseln, die wir auf keiner Charte
fanden. Sie gehören nicht zu den Weiberinseln, da
sie ungefähr 50 Meilen nördlicher sind. Wir schätzten ihre Entfernung vom Lande auf 14 Meilen.
Auch steht diesen Inseln gegenüber ein auffallend hoher zuckerhutförmiger Hügel; wie ich höre, nennen
ihn die Fischer gewöhnlich den Zuckerhuthügel.
Auf einem der Eisfloßen sahen wir heute drei Bären,
die ersten, die uns in diesem Lande zu Gesicht kamen.

Ein wenig nördlicher als die angegebene Insel-
gruppe, trafen wir den 8ten auf einen Damm aus
festem Eis, das vom Lande nach Osten (eartword) *)

---

*) Soll wohl nach Westen heißen. Anm. d. U.

ging, bis es an die Haupteismasse stieß, welche in
der Mitte der Straße lief, oder wenigstens gleich-
laufend mit dem Lande ging, so weit wir bis jetzt
gekommen waren. Wir sind wegen dieses Hinder-
nisses heute nur zwischen dem Hauptland und den
angegebenen Inseln hin und her gesegelt. Als wir
heute Morgen dicht an die Küste segelten, fanden
wir, daß der Zuckerhuthügel auf einer Insel liegt
oder vielmehr selbst eine bildet.

Nachmittags wurde ein Boot nach den südlichsten der äußern Inseln geschickt, um Eyer zu sammeln; wir fanden aber, daß alle Nester, an die
man kommen konnte, durch die Fischer geplündert
waren. An der Südostseite der Insel hing ein stei-
ler Felsen ins Meer hinein; hier fanden wir eine
große Anzahl Nester, die mir die des Larus glaucus
schienen, den man gewöhnlich Bürgermeister nennt,
indem eine Menge dieser Vögel um den Felsen flogen. Die Nester waren von Eichen- und trockenem
Moose gemacht. Wir sahen auch eine große Menge
wilder Enten auf dieser Insel. Ihre Nester waren
auf dem niedrigen Lande längs dem Ufer, und bestanden großentheils aus Federn, die der Farbe nach
wie von ihren eignen zu seyn schienen. An mehrern
Stellen der Insel fanden wir eine bedeutende Menge
Talg, und in mehrern Felsen längst dem Ufer waren
viele Granate eingesprengt.

In einer kleinen Entfernung vom westlichen Ufer
lag eine der größten Quarzmassen, die ich gesehen
habe. Die andern Mineralien der Insel waren nach
dem, was ich davon sah, dieselben, die wir auf

der Insel Waygat gefunden hatten. Es waren nur wenig Pflanzen zu finden, indem der größte Theil der Insel aus Haufen loser Steine bestand. Auf der Westseite, nicht weit von der großen Quarzmasse, war ein Grab, wahrscheinlich von einem Europäer, der kürzlich begraben schien.

In einer Abschrift eines Briefes, den William Baffin einem der Eigenthümer des Schiffes, auf dem er Steuermann war, schrieb, sehen wir, daß er erwähnt an diesen Inseln vorbey gekommen zu seyn; sie wurden die drey Inseln genannt, was indeß nicht ganz auf ihre Zahl paßt, indem in der äußern Gruppe 4, und noch 2 bis drey niedrige Inseln zwischen diesen und dem festen Lande sind.

In andern Bestimmungen gab Baffin indeß das richtige an, die Breite derselben bestimmt er zu 74° 04' und wir fanden, daß die südlichste unter dem 74° 01' liegt, so daß die andern wol so liegen wie er angiebt. Von der Länge, unter der sie liegen, spricht er in seinem Briefe so wenig als er überhaupt die Länge irgend eines von ihnen in diesen Gegenden benannten Ortes angiebt; dieß ist indeß bey dem Zustand der Schiffahrtskunde vor 200 Jahren leicht erklärlich. Die Genauigkeit, mit der er die Breite bestimmte, erhöhet seinen Ruhm noch. Er meinte, die Entfernung dieser Inseln von dem festen Lande sey nur 8 Meilen, was nur 1 Meile mehr als die Hälfte der Entfernung ist, die wir annahmen; da dieß aber bloß Schätzung ist, so verdient die seinige allerdings auch Beachtung.

Wir gelangten den andern Tag etwas westlicher

durch das Eis, fanden aber, daß es dichter wurde, je weiter wir vorwärts kamen; es wurde deshalb für vernünftiger gehalten, näher dem Land zu segeln. Den 10ten fanden wir, daß das Waßer nördlich von den drey Inseln ein wenig freyer vom Eis geworden war.

Den 11ten waren die Officiere beider Schiffe damit beschäftigt, die Ablenkung (deviation) des Kompaßes bey unterschiedener Richtung des Schiffes auszumitteln. Dieß geschah folgendermaßen: Das Galion des Schiffes wurde nach jedem zweyten Strich des Kompaßes von Westen nach Südosten gerichtet, da der Wind es nicht möglich machte, es in den andern 12 Strichen ruhig zu erhalten, und auf jeder der so erhaltenen zehn Abtheilungen oder Doppelstriche des Kompaßes, wurde die Lage zweyer fester Gegenstände mittelst Kompaße bestimmt, die in unterschiedenen Theilen des Schiffs waren. Die festen Gegenstände waren ein Punkt auf der südlichsten der drey Inseln, und ein Schneeflock auf der Spitze des Zuckerhuthügels. Die wahren Lagen nach dem Kompaß wurden nun am Lande bestimmt und so wurde die Ablenkung bey jeder Stellung des Schiffs gefunden.

Dieser Versuch scheint mir nicht viel mehr Licht in Rücksicht des Magnetismus verschafft zu haben, da man sehr gut weiß, daß benachbartes Eisen auf den Magneten wirkt, und da kein Theil des Schiffs frey von dieser örtlichen Anziehung ist, so ergiebt sich, daß ein Kompaß mehr oder weniger von dieser Wirkung leiden wird, je nachdem er in

diesem oder jenem Theil des Schiffs seyn wird,
oder je nachdem er dem Ort näher oder davon
weiter seyn wird, wo der örtliche Einfluß wegen
der Eisenmassen am größten ist.   Die Wirkung
der örtlichen Anziehung wird indeß nicht immer
am Kompaß bemerklich seyn, wenn er auch von
einem Theil zum andern gebracht wird. Erstlich
wird eine Mitwirkung örtlicher Kräfte statt finden,
durch die der Kompaß an unterschiedenen Stellen
auf dieselbe Weise leiden wird, und dann kann die
Wirkung der örtlichen Anziehung so gering seyn, daß,
wie angegeben, sie gar nicht bemerkt werden kann.
Dieß wird immer sonder Frage in niederen Breiten
statt finden, wo der magnetische Einfluß der Erde
großentheils die Kraft der örtlichen Anziehung über-
windet, wenn der Kompaß sich nicht sehr nahe bey
einer großen Masse Eisen befindet, näher als auf
Schiffen gewöhnlich der Fall ist.

Aus diesen Versuchen zog Lieutenant Parry folgende Schlüsse:

1) Die Magnetnadel wird von ihrer natürlichen
Lage, das heißt von der Lage, die sie annehmen
würde, wenn keine örtliche Anziehung Einfluß auf
sie hat, bey jeder Veränderung in der Richtung des
Alexander abgelenkt.

2) Diese Ablenkung ist bei Magnetnadeln, die
in unterschiedenen Stellen des Alexander sich befinden,
nicht gleich, nimmt auch nicht gleichförmig zu oder
ab, obgleich eine gewisse Regelmäßigkeit bey allen
bemerklich ist.

3) Die größte Ablenkung der Magnetnadel, die

an unterschiedenen Stellen im Alexander ist, findet
nicht bei derselben Richtung statt. Der eine Katersche Kompaß, der 8 Fuß über dem Verdeck auf den
Sparren, die quer über das Schiff gehen, sich be-
fand, hatte die größte östliche Ablenkung ungefähr
bey Ost und Ostsüdost, während der andre Katersche
Kompaß, der 9 Fuß weiter hinten auf der Kajüt-
treppe war, seine größte östliche Ablenkung zwischen
Nord Nordost und Ost Nordost hatte, welches
einen Unterschied von 5 bis 6 Strichen macht.

4) Die kleinste Ablenkung bey Magnetnadeln,
die an unterschiedenen Plätzen im Alexander sich befinden, findet auch bey unterschiedenen Richtungen des
Schiffes statt; es ist aber bemerkenswerth, daß die
Striche, auf denen die beiden Katerschen Kompasse
ihre kleinste Ablenkung haben, fast eben so weit von
einander und an derselben Seite sind, wie die, auf
denen sie ihre größte haben, da es bey dem einen
Nord und bey dem andern West Nordwest, also die
Entfernung gleich 6 Strichen ist.

5) Endlich sind die Striche, auf denen die größte
und kleinste Ablenkung am Bord des Alexander statt
findet, nicht entgegengesetzte Punkte des Kompasses,
schneiden sich auch nicht rechtwinklicht, stehen also
auch nicht gleich weit vom magnetischen Meridian ab.

Die drey folgenden Tage war das Wetter sehr
neblicht und kälter als gewöhnlich, so daß alles Tauwerk durch die Feuchtigkeit der Luft beeiset und steif
und unangenehm anzufassen war.

Mittwoch den 15. July wurde durch Rechnung
mit der Ablenkung, wie sie am 11ten gefunden wor-

den, die Abweichung der Magnetnadel am Bord des
Alexander auf 82° westlich bestimmt. Der Wind
wehete heute stark aus Nordost, so daß wir erwarten, er werde bald das Eis brechen und wir nördlicher kommen können. Ehe das Wetter heller wird,
werden wir aber wol nicht weiter kommen, da, wenn
auch eine Oeffnung im Eis kommt, wir sie nicht eher
werden finden können, als bis das Wetter sich verändert hat. Durch das Schiff Zephyr von Hull hörten
wir heute, daß das Schiff, die drey Brüder, das
eben dahin gehörte, vor einigen Tagen in der Nordostbay verunglückt sey, indem es zwischen zwey Eisfloße gekommen, die mit solcher Gewalt sich darum
schlossen, daß es mitten von einander gespalten
wurde. Glücklicherweise ist indeß kein Mensch dabey
umgekommen, die Mannschaft machte sich auf das
Eis und wurde von einigen Wallfischfängern, die
dicht dabey waren, aufgenommen. Es hatte sechs
Wallfische gefangen, aber weder diese noch sonst etwas
von Belang, außer einigen Booten, wurde geborgen.
Es soll ein Föhren-Schiff gewesen seyn, da wir
aber die genauern Umstände noch nicht wissen, so ist
es unmöglich zu sagen, ob es deshalb verunglückt,
weil es nicht die gewöhnliche Stärke hatte, oder weil
das Gewicht des Eises zu groß war. Stellt man
sich die Heftigkeit des Stoßes vor, der aus dem Auf-
einandertreffen zweyer Floße entstehen muß, von denen jedes mehrere Meilen im Umfang hat, 3 Fuß
dick ist, und die mit der Geschwindigkeit eine bis an-
derthalb Meilen in der Stunde sich gegeneinander bewegen, so wird man einsehen, in welcher Gefahr

ein Schiff ist, das zwischen zwey solchen Eisfloßen
gequetscht wird. Diese Beschreibung des Eises ist
nicht eine willführliche Annahme; so unglaublich sie
ist, so haben wir Eisfloße von der Größe gesehen,
die sich mit der angegebenen Schnelle bewegten.

Am 16ten des Morgens wurde eine Oeffnung
im Eis nach Norden bemerkt; wir benützten diese
Gelegenheit ein wenig weiter zu kommen, und waren
um Mittag nach der Sonnenhöhe im 74° 24′ nördl.
Breite, der größten, worin wir noch gewesen waren.
Wir wurden indeß 2 bis 3 Stunden durch das Zusammentreffen zweyer Eisfloße aufgehalten, als gerade die Isabella durchkam, und als wir durch dieselbe Oeffnung segeln wollten. Es ist bemerkenswerth, daß wir oft auf diese Weise aufgehalten werden, denn wenn wir, wie gewöhnlich, durch enge
Durchfahrten müssen, so macht die durch die Isabella verdrängte Wassermasse solch eine Einströmung,
daß die Floße zusammentreffen, ehe wir durch sind,
obgleich wir zuweilen nicht mehr als 180 Ellen (100
Yards) hinter derselben sind. Ich schließe hieraus,
daß wenn einige Schiffe zusammen durch das Eis
sich durcharbeiten, der beste Segler in dieser Rücksicht einen großen Vortheil hat.

Wir entließen heute einen Matrosen auf das
Schiff Equestris, um nach England zu kommen; er
litt an der fallenden Sucht und am Wahnsinn, in
welchem er versucht hatte, sich das Leben zu nehmen;
an seiner Stelle bekamen wir von dem genannten
Schiff einen Freywilligen.

Freytags den 17ten ging des Morgens eine An-

zahl Officiere und Matrosen von beiden Schiffen auf
die Jagd eines weißen Bären aus, der auf dem Eisfloß war, an den die Schiffe sich festgelegt hatten.
Als man ihn zuerst sah, war er nur eine Meile von
den Schiffen und kam auf sie zu, als er aber bemerkte, daß wir ihm entgegenkamen, machte er sich
davon, und ungeachtet seiner ungeschickten Gestalt
und seines unbeholfenen Ganges kam er doch schneller aus der Stelle als wir laufen konnten. Wir verfolgten ihn nach der andern Seite des Floßes, fast
5 Meilen von den Schiffen; da warf er sich ins
Wasser und kam davon, da wir kein Boot hatten,
um weitere Jagd auf ihn zu machen.

Wir versuchten heute unsere Eissägen zuerst, und
fanden sie sehr nützlich. Einen Hals oder Isthmus
von Eis, der wol 36 Ellen breit und 4 Fuß dick
war, wurde in einer halben Stunde durchschnitten.
Die Schiffe konnten auf diese Weise in Wasser kommen, das so frey war, daß wir einige Meilen weiter
nördlich kamen, ehe wir ein anderes Hinderniß fanden. Indessen ist das Absägen des Eishalses eigentlich nicht das gewesen, was unser Fortkommen möglich machte, denn während wir sägten, gingen die
Floße von selbst auseinander, so daß die Isabella
durchkonnte, kaum war sie aber durch, so schlossen
die Floße wieder an einander, und wir hatten einige
Schwierigkeit, uns durchzuzwängen. Das Eis
war hier dicker als es im Durchschnitt seit einigen
Tagen gewesen war, da es fast 4 Fuß Dicke hatte.
Auf der Oberfläche desselben fanden wir viele Löcher

mit süßem Waffer, woraus wir mehrere Fäffer füllten und es sehr gut fanden.

Sonnabend den 18ten schmolzen wir, um das Verhältniß des Salzes in dem Floßeis zu finden, ein Stück davon, und fanden, daß die specifische Schwere des dadurch erhaltenen Waffers bey 35° Temperatur 1001,27 war, welches zeigt, daß es zum gewöhnlichen Gebrauch eben so gut paßt als das von dem Eisbergen; folgendes ist das Genauere des Versuchs.

Von dem Eisfloß, an dem wir lagen, wurde ein Stück genommen und zu einen Würfel von 40 Linien Seite gebildet. Wurde dieser in Seewaffer von 32° und 1025,8 specifische Schwere gelegt, so betrug die Dicke der über dem Waffer stehenden sechs Linien, etwas mehr als ein Siebentel der ganzen Maffe. Es scheint also, daß das Eis des Flosses eine geringere specifische Schwere hat als das von den Bergen, wenigstens nach diesem und dem Versuch vom 9ten Juny zu schließen. Sollte dieß nicht von der unterschiedenen specifischen Schwere des Seewaffers herrühren, in das die Würfel getaucht waren? Daß dieß zum Theil mit Ursache war, ist wol keinem Zweifel unterworfen. Das Floß von dem der Würfel genommen wurde, war zwey Fuß und 5 Zoll dick, und 5 Zoll waren über Waffer.

Könnte man wegen der Süße des Waffers nicht mit Recht annehmen, daß, obgleich das Floß auf der Oberfläche des Seewaffers gebildet wird,

6

es doch aus dem besteht was aus der Atmosphäre kömmt?

So weit meine Beobachtungen gehen bin ich sehr geneigt diese Meynung anzunehmen.

Den 19ten fiel nichts merkwürdiges vor. Wir mußten bleiben wo wir waren da es sehr neblig war und unsere Schiffe gänzlich vom Eise umgeben waren. Wir fanden die Tiefe des Meeres 230 Faden bey einen weichen morastigen Grund. Die Temperatur des Wassers bey einer Tiefe von 197 Faden war $29\frac{1}{2}°$ und an der Oberfläche 32°, während die der Luft 37° war. Heute Morgen schwamm uns ein Wallfisch nach Norden gehend vorbey.

Montag Morgen· den 20sten, wurde eine Oeffnung im Eis bemerkt, wir gingen gleich unter Segel und gelangten mit Hülfe des Bugsierens einige Meilen nördlicher, wo wir uns wegen des Eises wieder an einen Floß fest legen mußten.

Den Morgen des 21sten gingen wir wieder unter Segel und da mehrere Oeffnungen im Eise waren so gelangten wir etwas weiter nördlich. Wir kamen einem todten Wallfisch vorbey, es war eine ungestaltete Masse, so daß selbst in der kleinen Entfernung einer halben Meile wir ihn nicht für ein thierisches Wesen gehalten haben würden, hätten wir es nicht durch den unangenehmen Geruch erkannt. Es waren viele Möven (Glauwas) und Fulman darauf und darum, die ersteren ließen indeß weniger die letzteren daran sitzen. Sie hatten indeß genug Futter, so wol in der Nähe als in einiger Entfernung fanden wir ehe wir den todten Fisch sahen mehrere Stücke, von dem was die Fischer „Crang" nennen, nämlich das Muskelfleisch, das nachdem der Speck heruntergenommen ist, zurückbleibt.

Wegen der Windstille kamen wir den folgenden Tag den 22sten nur wenig weiter. Die Küste schien an diesem Theil mit Inseln besetzt, die im allgemeinen schwarz und uneben waren, während das was wir für das Hauptland hielten, mit Schnee bedeckt war und eine gleichförmige Oberfläche hatte. Wegen der Entfernung vom Lande, die zwischen 16 und 20 Meilen betrug, konnten wir nicht bestimmen ob das was wir dafür hielten wirklich Inseln waren.

Donnerstag den 23sten tödtete der Royal George von Hull einen Wallfisch dicht bey uns, während wir an einem Floß fest lagen, wir konnten auf diese Weise diesen ungeheuern Fisch ganz unverletzt sehn und zugleich alles was bey dem Abziehen geschieht. Ich habe dabey folgende Bemerkungen gemacht:

Es war ein weiblicher Fisch mittlerer Größe. Das Bein desselben war 10 Fuß 1 Zoll lang. Dieß Bein ist die längste der Barten wo nach die Größe des Fisches beurtheilet wird. Die längsten die man bis jetzt gefunden hat, sollen 14 Fuß lang gewesen seyn. Einige Theile fielen mir wegen ihrer unverhältnißmäßigen Größe auf; der Kopf schien über ein Drittel der ganzen Länge zu seyn. Die Augen mit Einschluß der tunica

sclerotica oder deren harte fasrigte Kapsel die
sie einschließt, waren nur drey Zoll im Durchmesser und die Augapfel waren nicht größer als die
eines Ochsen von gewöhnlicher Größe. Sie bestanden wie das menschliche Auge aus einer Kry-
stalllinse und wässrigter Feuchtigkeit. Der Augenstern war elliptisch und dunkelfarbigt. Zitzen oder
Warzen waren zwey da, sie waren kleiner als
man der Größe des Fisches nach hätte erwarten
sollen, da sie nur einen Zoll Länge und eben so
viel im Durchmesser hatten. Auf jeder Seite der
Geschlechtstheile lag eine. Die nässere Mündung
dieser Theile schien nicht über 15 Zoll lang; sie
lagen nah am hintern Theil des Unterleibes, wo
der Körper plötzlich gegen den Schwanz hin dün-
ner wird.

Der Wallfisch hat nur zwey Floßen, die indeß
von ungeheuerer Größe sind, sie liegen an beyden
Seiten des Körpers ein wenig hinter dem Munde
wo die Kinnladen aufhören. Der Schwanz ist
verhältnißmäßig groß und wagerecht gestellt. Er
ist so wenig als die Floßen im Bau denen anderer
Fische gleich, da sie wie der übrige Körper mit
Haut von derselben Farbe, Dichtigkeit und Dicke
bedeckt sind. Sie weichen auf diese Weise inwendig wenig von dem Speck anderer Theile ab, indem sie bloß etwas mehr knorpelig sind.

Die Haut des Wallfisches, die der Gegenstand
dieser Bemerkungen ist, war im Ganzen zwischen
¼ und 1 Zoll dick, und außer einem kleinen Theil
der Unterlippe, der weiß war, pechschwarz, weich

und leicht zu reißen und schneiden. Statt in Län-
genschichten zu liegen wie das bey der Haut der
mehrsten Thiere der Fall ist, besteht die Haut des
Wallfisches aus senkrechten Fibern, die einem
Querschnitt eines Stückes Holz gleichen. Nächst
der Haut liegt der Speck, der Theil, der diesen
harmlosen Fisch so vielen Verfolgungen aussetzt.
Diese ölligte Lage ist an unterschiedenen Theilen
des Körpers von verschiedener Dicke, bey diesem
Fisch betrug sie an der Stelle, wo sie am größten
war, einen Fuß. Unter dem Speck ist eine
dünne Lage eines weißen, faserigten Stoffes der
viel zäher als die vorige ist, unter dieser liegt
der „Crang" der muskulöse Theil des Fisches,
der sehr dunkel und so weich ist, daß er leicht mit
der Hand zerrissen werden kann.

Die Barten liegen in zwey Reihen, in der
oberen Kinnlade, gerade da wo andere Thiere die
Zähne haben; statt daß diese indeß an jeder Seite
in der Kinnlade befestigt sind, sitzen sie an einem
halbkreisförmigen Knochen, das Kronenbein, (crown
bone), das der Länge nach, längs der Mitte
des Oberkiefers oder des Scheitels (crown of
the head) läuft. Sie sind von ungleicher Länge,
am längsten mitten in der Reihe und gegen beyde
Enden kürzer werdend. Ich weiß nicht gewiß wie
viel an jeder Reihe sind, ich glaube aber, daß in
jeder Seite wenigstens dreyhundert sind. Die
Fischer erzählen sich, für jeden Tag im Jahr sey
eine Barte da; ich vermuthe aber, daß dieß nur
eine immer weiter erzählte Sage ist, in der man

ein wunderbares Zusammentreffen zweyer nicht in
Verbindung stehender Dinge finden wollte. Ich
glaube daß die Wallfische eine größere oder geringere Zahl Barten haben, je nachdem sie mehr oder
weniger alt sind, denn bey diesem Fisch kamen
einige eben durch das Zahnfleisch durch. Sie
stehen ungefähr ¼ Zoll weit von einander ab und
sitzen in einem weichen, elastischen Wesen das man
das Zahnfleisch nennt. Der untere Rand der
Barte ist mit Haaren oder kurzen Fasern die
diesen ähnlich sind, bedeckt, die die Zunge dafür
schützen, daß sie nicht durch Reibung gegen den
Rand der Barten leide.

Die Zunge ist eine ungeheuere Masse eines
weichen Stoffes, theils Speck, theils Muskelfleisch,
die untereinander gemischt sind, nah an der Spitze
besteht sie vorzüglich aus den erstern und deshalb
wird ein großes Stück davon mit dem Speck ein=
gelegt. Ich glaube, daß die Zunge des gefange=
nen Fisches zwischen 4 bis 5 Tonnen wog. Nas=
löcher oder Sprützlöcher hat der Wallfisch zwey;
die oben auf dem Kopf liegen, ihre Gestalt ähnelt
einem lateinischen S der Kursivschrift und sie lie=
gen auf die Weise gegen einander wie die Schal=
löcher einer Violine.

Die Länge dieses Wallfisches wurde zwischen
50 bis 60 Fuß geschätzt und sein Umfang, wo er
am dicksten war eben so hoch. Da alle diese An=
gaben, abgerechnet die Länge der Barten, die Dicke
des Specks und die Größe des Auges, nur auf
Schätzung beruhen, so sind sie natürlich nicht ge-

nau. Man nahm an, daß dieser Fisch zwischen 14 bis 15 Tonnen Oel liefern würde.

Das Abziehen besteht darin, daß der Speck in großen vierecten Stücken von dem Fisch abgeschnitten wird, ein breiter Gürtel, der der Gant (Cant) genannt wird, bleibt sitzen, um den Fisch umzudrehen, wie man mit dem Abziehen weiter kommt.

Diesen Nachmittag wurden einige Azimuthbeobachtungen angestellt, nach diesen schien die Abweichung der Magnetnadel 89° westlich zu seyn, dieß ist um so unerwarteter, da sie gestern nur 87° westl. war. Wir haben indeß unsre Tage nur um wenige Meilen geändert. Unsere Breite, nach mittäglicher Sonnenhöhe 75° 64′ 37″ N. und unsere Länge, nach Mondsbeobachtungen 60° 05′ 45″, nach dem Chronometer 60° 09′ 52″ westl. Die Neigung der Magnetnadel war 84° 25′ 06″ und nach Westen. Ist die Abweichung, die wir heute fanden, richtig, so müssen wir sehr nahe an dem Parallelkreis seyn, in dem der magnetische Pol liegt, ich glaube aber es walten wegen den Azimuthbeobachtungen einige Zweifel ob.

Wir entließen heute einen Matrosen nach dem Royal George und bekamen einen Freywilligen von daher wieder; da dieser Mann den Abend vorher aber sich am Bord der Isabella angeboten hatte, so wurde er auf des Kapitain Roß Befehl dahin abgegeben und wir bekamen einen andern Matrosen von dem genannten Schiffe.

Freytags den 24sten entließen wir wieder zwey

nicht sehr geschickte Matrosen nach dem Schiff
Everthorpe und bekamen zwey Freywillige von
demselben. Nachdem wir einige Meilen weiter
nordwärts gelangt waren, wurden wir wie gewöhn=
lich durch das Eis aufgehalten. Auf diesem Fleck
umgaben uns Abends mehr Wallfische als wir
noch in diesen Gegenden gesehen hatten, da vier
oder fünf von ihnen dicht an einander sprützten.

Das Schiff Dexterity von Leith fing in der
Nacht 3 Stück und traf einen andern vom Eise,
der aber davon kam. Wären hier viele Schiffe
gewesen, so hätten viele Fische gefangen werden
können, es waren aber nur fünf bis jetzt so weit
nördlich gelangt, und nur das obengenannte war
dahin gekommen wo die Fische sehr häufig waren,
doch fingen ein Paar der andern auch einige.

Den folgenden Tag vertauschten wir wieder
einen Matrosen mit der Dexterity, ich glaube daß
wir nun gut bemannt sind.

Heute ereignete sich ein höchst komischer Vor=
fall, während die Mannschaft beyder Schiffe auf
dem Eise war und die Isabella zwischen zwey
Flößen durchzog. Wegen des allgemeinen Geläch=
ters den er erregte, will ich ihn doch hier erwäh=
nen. Einer der Matrosen der Isabella, der die
Geige spielt, that dieß wieder wie gewöhnlich, um
die Leute bey ihrer schweren Arbeit zu ermuntern,
als mitten in einer lustigen Arie der Tonkünstler
und seine Geige verschwanden, indem er durch ein
Loch im Eis durchgefallen war. Die Bestürzung
aller Leute im ersten Augenblick, als sie die Musik

so mit einemmale unterbrochen fanden und das Gelächter als man die Ursache entdeckte, kann man sich eher vorstellen als es beschreiben. Der arme Teufel erlitt keinen andern Schaden, als daß er ein kaltes Bad und eine nasse Geige bekam.

Mehrere Officiere beyder Schiffe gingen den Nachmittag nach einer kleinen Insel, die wenige Meilen von der Küste lag. Sie fanden die Trümmer einer eskimoischen Hütte darauf und nahe dabey einen Menschenschädel und einige Stück Knochen, die als Spitzen von Spießen gedient zu haben schienen. Sie schossen auf der Insel mehrere Vögel, die zu einer bisher ganz unbekannten Art zu gehören schienen, wenigstens fanden wir nichts davon im Linné, Neumann, Montagu und einigen andern, aber auch Sackhouse kannte sie nicht und erzählte uns, daß er vorher keinen der Art gesehen hatte. Sie sind sehr ausgezeichnet. Der Schnabel, der $1\frac{3}{10}$ Zoll lang ist, ist schwarz mit gelb punktirt, der Oberschnabel ist am Ende ein wenig gekrümmt, das innere des Mundes roth; der Kopf und ungefähr ein Zoll vom Halse bleyfarben mit einem schwarzen Ring endend; der übrige Theil des Halses, der untere Theil des Körpers und der Schwanz sind schneeweiß, der Rücken und die Deckfedern der Flügel blaßgrau; die fünf äußeren großen Schwungfedern schwarz mit weiß punktirt, die übrigen und die kleinern ganz weiß; die untere Seite der Flügel ist weiß, die Beine schwarz, die Füße haben eine Schwimmhaut; die Länge beträgt 15 Zoll, die Ausspannung 2 Fuß sieben Zoll.

Sonntag den 26sten lagen wir den ganzen Tag an einen Eisfloß fest. Das Wetter war sehr mild und völlig windstill. Nach Norden und Westen war das Eis noch dicht.

Den folgenden Tag machten wir eine andere Reise von Beobachtungen, um die Ablenkung der Magnetnadel zu finden, sie wurden wieder dadurch gemacht, daß man die Lage eines entfernten Gegenstandes beobachtete, während das Schiff in unterschiedene Richtungen gebracht wurde.

Am Morgen des Mittwoch den 29sten konnten wir, da ein Ostwind sich erhoben und das Wasser etwas eisfrey gemacht hatte, ein wenig weiter kommen. Da er aber uns entgegen war, so konnten wir nicht vorwärts. Mittags waren wir in 75° 29′ nördliche Br. Den Vormittag kamen wir bey einem merkwürdig gestalteten Hügel vorbey, der wie ein Mumann aussah. Es kann aber wol nicht der seyn den die Wallfischfänger „den Teufelsmumann" nennen, da sie wie ich hören sollte so weit nördlich kommen. Wir kamen auch am 22sten in 75° 03′ nördl. Br. einen Hügel vorbey der dieselbe Aehnlichkeit hat und wahrscheinlich der von den Fischern, wie angegeben, genannte ist. Es scheinen hier und südlich viele Inseln längs der Küste zu seyn, wir sind indeß darüber ungewiß, da wir wegen des sogenannten Landeises nicht näher ans Land kommen konnten. Diese Inseln schienen unebner als das feste Land dahinter und

mehrerentheils freyer von Schnee, da einige fast
schwarz sind, während das was wir für festes Land
halten fast ganz mit Schnee bedeckt ist, so sehr,
daß wenn nicht schwarze Klippen längs dem Ufer
wären, es für eine feste Masse Schnee gehalten
werden könnte. Es kann auch wirklich seyn, daß
ein großer Theil dessen, was wir für Land halten
nichts als Eis und Schnee ist. Man kann auch
immerhin annehmen, daß die Schnee und Eismasse
die hier ist, erst in mehreren Jahren aufthauen
werde, wenn auch die Temperatur der Luft nie
modriger wäre wie sie jetzt ist. Um Mittag zeigte
der Wärmemesser im Schatten $33\frac{1}{2}°$ Fahrenheit.
Ich meyne deßhalb nicht, daß jährlich die Menge
Schnee und Eis in diesen Gegenden zunimmt,
dieß würde auf einen Unsinn hinauslaufen, aber es
scheint mir, daß hier so wie in andern Weltgegen-
den ein Unterschied in den Jahrszeiten ist, so daß
Schnee und Eis die mehreren Winter hintereinan-
der sich angesammelt haben, durch einen oder mehrere auf einander folgende warme Sommer schmelzen.

Die Küste zieht sich hier bedeutend westlich, da
das nördlichste Ende in Nord bey Ost oder Nord-
nordost nach dem Kompaß liegt, welches, wenn man
die Abweichung annimmt, wie sie den 23sten beobachtet wurde, die wahre Lage in West bey Nord
oder Westnordwest bestimmt.

Freytag den 31sten kamen wir in eine große
Fläche offenen Wassers, worin wir eine ungeheure
Menge Wallfische sahen. Einer davon wurde durch
unsre und die Boote der Isabella getödtet. Er war

männlichen Geschlechts, 46 Fuß lang und sein
Schwanz 15 Fuß breit, die Länge des Beins, der
Barte, betrug 9 Fuß 6 Zoll. Es ist unnöthig
ihn hier genauer zu beschreiben, da er, von Größe
und Geschlecht abgesehen, nicht wesentlich von dem
unterm 23sten beschriebenen abwich. In der Farbe
des untern Theils des Leibes war aber ein Unterschied, dieser war nicht schwarz wie bey dem weib-
lichen Fisch, sondern buntweiß.

Sonnabend den 1sten August war die Mannschaft beyder Schiffe damit beschäftigt den gestern
gefangenen Fisch abzuziehen. Die Menge von
Wallfischen, die uns heute umgab, war größer als
wir sie je gesehen hatten. Da es windstill war,
so schallte das Geräusch bey ihrem Sprützen wie
entferntes Kanonenfeuer. Sie hielten sich mehrentheils am Rand des Landfloßes auf, unter dem sie
hervorzukommen schienen um zu athmen. Zuweilen
sprützte ein Dutzend davon so nahe an einander,
daß die Wasserstrahlen, die sie aussprützten, einigermaßen dem Rauch eines kleinen Dorfes bey stillem
Wetter glichen. Drey bis vier der Wallfischfänger
kamen heute so weit nördlich, daß sie uns zu Gesicht kamen. Der Bon Accord aus Aberdeen und
der Everthorpe aus Hull waren Nachmittags nur
8 bis 9 Meilen von uns. Wie viele Wallfische
jetzt um uns herum waren, kann man daraus sehen,
daß jedes dieser Schiffe heute 4 Stück fing und
wären zwanzig Schiffe da gewesen, jedes hätte
eben so viele fangen können.

Seit ungefähr gestern haben wir eine Menge

Elfenbeinmöven (ivory gull) (Carus eburneus)
gesehen, von denen ich diesen Nachmittag ein Dutzend schoß. Es ist ein sehr schöner Vogel und, der
Weiße seiner Feder nach, würde er besser Schnee-
möve als Elfenbeinmöve heißen.

Den folgenden Tag fanden wir, daß das Land
sich noch mehr nach Westen zog. Das nördlichste
Ende lag nach Nord bey West nach dem Kompaß,
welches nach Abzug der Abweichung West bey Süd
macht. Durch Azimuthbeobachtungen auf dem
Eise fand sich die Abweichung 90° 25′ westlich.
Es verdient bemerkt zu werden, daß die Azimuthbeobachtungen am 23sten des vorigen Monats
unrichtig waren; denn den 30sten war die Abweichung nur 87° 23′ westlich und wir waren damals
mehr als zwanzig Meilen (miles) nördlicher als
am 23sten. Dieser Irrthum entstand wahrscheinlich dadurch, daß die Magnetnadeln bey der Beobachtung von der Isabella angezogen wurden. War
dieß wirklich der Fall, so ist es einer der stärksten
Beweise von örtlicher Anziehung den wir gehabt
haben, da die Isabella wenigstens 300 Fuß von
dem Ort war, wo die Kompasse sich befanden.
Unsre Breite heute Mittag, war 75° 48′ 36″
und die Länge 62° 35′ westlich. Die Neigung der
Magnetnadel auf dem Eise, war 84° 44′ 55″

Wir schätzten die Entfernung vom Lande als
die angegebnen Lagen bestimmt wurden, auf 28
Meilen, (miles) der ganze Raum dazwischen war
mit Landeis bedeckt. Das Eis legte uns keine
Hindernisse in den Weg, aber der Wind war den

ganzen Tag so schwach, daß wir nur wenig vorwärts kamen. Das Wetter war sehr schön und
der Himmel vollkommen klar.

Wir sahen nur wenige Wallfische, die Menge
von blaufüßigen Möven (rotges) (alca alle), die
uns umgab, war aber ungeheuer, ich glaube wir
haben seit den Morgen einige Millionen gesehen,
sie flogen in großen Haufen nach Osten, oder
längs dem Rande des Landeises. Es begegneten
uns auch Myrinden auf dem Wasser und auf Eisstücken sitzend, die ganz davon bedeckt waren.

Montag den 3ten hatten wir einigen südlichen
und östlichen Wind, wodurch wir längs der Küste
nach Westen gelangen konnten. Den Nachmittag
wurden wir hingegen durch das Eis aufgehalten,
an das wir uns festlegten, hoffend wir würden
bald eine Oeffnung finden, da der Wind noch
anhielt.

Nachdem wir bis zum Mittag des folgenden
Tages gewartet hatten, fanden wir, daß keine
Aussicht da war, daß wir bald längs der Küste
durchkönnten. Der südliche Wind trieb das Eis
nicht weg, sondern gegen das Land das hier
sich fast gerade gegen (das wahre) Osten und
Westen richtete. War eine Abweichung da, so
zog sich die Küste etwas mehr nach Südwesten.

Etwas nach 12 Uhr Mittags, verließen wir
das Eis um südlich zu gehen, wo wir einige
schmale Streifen freyes Wasser zwischen den Flos-
sen sahen, die denn ziemlich schnell nach Westen
oder längs der Küste trieben. Ehe wir segelten,

wurden folgende Beobachtungen auf dem Floße gemacht, an den wir feſt lagen.

Nördl. Breite durch Mittagshöhe   76° 00' 04''

Weſtl. Länge nach dem Chronometer   64° 48' 13''

Abweichung der Magnetnadel nach

     Azimuthbeobachtungen   90° 46' 00''

Neigung derſelben   84° 52' 06''

Ich muß bemerken, daß das Land deſſen Lage ſogleich angegeben wird, für Baffins Kap Dudley Digges und für die Inſel gehalten wurde, die er als im Eingang von Sir John Wolſtenholm, Sund gelangen, beſchreibt. Obgleich die gegenſeitige Lage dieſer Plätze ziemlich mit der von dieſem Seefahrer gegebenen Beſchreibung übereinſtimmt, ſo iſt dennoch ſolch ein Unterſchied in der Breite, daß man ſie kaum für die von ihm ſo benannten Oerter halten kann. Denn er zeichnet Kap Dudley Digges unter der 76° 75' nördl. Breite, was wenigſtens ſechs oder ſieben und zwanzig Meilen (miles) nördlicher iſt, als das was wir dafür annehmen wollten, denn wenn man auch noch ſo viel für den Abſtand des Landes von den Schiffen rechnet, ſo kann die Breite deſſelben nicht mehr als 76° 08' oder 09'' ſeyn.

Ich werde ohne mich auf dieſen Unterſchied der Angaben einzulaſſen, die Lagen die dieſen Morgen beobachtet wurden, angeben. Die Spitze (Baffins Inſel), die Sir Dudley Digges Kap gegenüber liegt, liegt Süd 17° 47' Oſt, wo man das Kap über der Spitze ſieht; die ſüdweſtliche Spitze der Inſel in der Mitte von Sir John Wolſtenholms,

Sund liegt Nord 14° 04' West. Das östliche
Ende des Landes liegt sehr entfernt Süd 5° 29'
Ost (nach dem Kompaß bey 90° 46' Abweichung.)

Wir kamen die beyden folgenden Tage wenig
vorwärts, da das Eis sich in allen Richtungen um
uns geschlossen hatte. Donnerstag den 6ten öffnete
es sich den Nachmittag ein wenig nach Norden,
das heißt zwischen uns und dem was für Wolsten-
holm Sund gehalten wurde. Wir benutzten diese
Oeffnungen augenblicklich, da der Wind aber sehr
schwach war, kamen wir nicht sehr weit und fast nur
durch Bugsiren und Ziehen längs dem Eise vorwärts.

Wir haben die letztere Zeit viele Hindernisse in
dem jungen Eis, was man gewöhnlich Bayeis
nennt, gefunden. Es bildet sich in der Nacht,
zwischen 10 Uhr nach M. und 2 Uhr Morgens.
Es ist zuweilen ¼ Zoll dick, und gewissermaßen so
zäh, daß es das Schiff aufhält wenn wir nicht
einen starken Wind haben, was die letztere Zeit
nur wenig der Fall war. Wir sehen täglich eine
unglaubliche Menge kleiner Möven (little auks or
rotges). Während der letzten zwey Tage haben
wir ungefähr drittehalb Hundert geschossen, die für
die Mannschaft gekocht wurden, die sie sehr gerne
mag; dieß ist ganz natürlich, denn gehörig zurecht
gemacht, würden sie ein gutes Gericht auf den
Tafeln des größten Epikuräers seyn.

Freytag den 7ten August wurde die Isabella
und unser Schiff sehr beschädigt, indem sie zwischen zwey ungeheuere Eisfloßen geklemmt wurden,
die neben einander mit einer Geschwindigkeit von

wenigſtens zwey Meilen (miles) in der Stunde
vorbey gingen. In der ſchmalen Oeffnung zwiſchen ihnen, war es unvermeidlich, daß die
Schiffe einmal neben einander kamen und in dieſer Lage wurden ſie auch eine kurze Zeit ſo an
einander gequetſcht, daß wir einige Augenblicke ſie
für ganz verloren hielten. — Wir zogen uns indeß aus dieſer gefährlichen Lage, ohne ſo viel zu
leiden als zu befürchten ſtand, indeß doch nicht
ohne beträchtliche Beſchädigung. Nicht nur wurde unſerm Tryanker der Schaft dicht am Stock
abgebrochen, aber drey Puttings - Flaggen des
Hauptmaſtes, zwey des Fockmaſtes und ein des
Beſahnmaſtes wurden an der Backbordſeite durch
den Stock des Tryankers der Iſabella weggeriſſen. Unſere Backbordboote, Parterbalken, ein
Klüverbaum, ein Borginnean und ein Theil der
Backbord Bruſtwehr, wurden durch dieſes Anein-
anderſtößen der Schiffe auch weggeriſſen. Die
Iſabella erlitt auch einige Beſchädigung, obgleich
wol nicht ſo viel als wir; ihr vorzüglichſter Ver-
luſt war ein Boot, das zwiſchen den Schiffen zer-
ſtört wurde.

Selbſt nachdem wir uns zwiſchen den erwähnten Floßen herausgearbeitet hatten, waren wir noch
nicht außer Gefahr, denn das Eis trieb mit
ſolcher Schnelligkeit, daß wir während des Nachmittags und der folgenden Nacht immer für
die Sicherheit der Schiffe beſorgt ſeyn mußten.
Ungefähr um Mitternacht fing die Mannſchaft
beyder Schiffe an, eine Docke in einen Floß zu

7

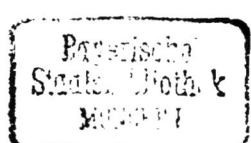

sägen; wegen der Dicke des Eises, die 7 Fuß betrug, ging das aber so langsam, daß nach zwey-
stündiger Arbeit es aufgegeben wurde. Außerdem
war der Theil des Floßes auf dem gearbeitet wurde
indeß sehr nah an einige Eisberge, die unter dem
Winde waren, getrieben, so daß es nicht rathsam
gewesen wäre, die Schiffe in die Docke hineinzu-
bringen.

Sonnabend den 8ten war des Morgens zwischen 4 und 5 Uhr eine bedeutende Fläche freyes
Wasser um die Schiffe entstanden, indem die
Floße von einander gegangen waren. Wir waren
für dießmal außer Sorgen, die Schiffe gingen
unter Segel und zwen Wachen der Mannschaft
durften zu Bette gehen; dieß war ihnen sehr
nöthig, da die ganze Besatzung über 24 Stunden
auf dem Verdeck und die ganze Zeit dem rauhe-
sten Wetter das wir in diesen Gegenden noch er-
lebt hatten, ausgesetzt gewesen war. Der Wind
war nämlich stark und es schneyete die ganze Zeit
immer fort. Es war überhaupt ein Wetter, wie
an einem kalten Wintertage in England.

Da die Luft im Laufe des Morgens hell geworden, so fanden wir uns der Insel bey dem
Eingang dessen, was für Wolstenholms Sund gehalten wurde, gegenüber. Den Nachmittag gingen einige Officiere der Isabella übers Eis nach
der Insel, wurden aber für einen so langen Weg,
der über 5 Meilen von den Schiffen war, nicht
entschädigt. Sie schien, wie mehrere andere auf
denen wir gelandet waren, einst bewohnt gewesen

zu seyn, denn es fanden sich mehrere Gräber und
ein Stück eines Stocks, den, wie Sackhouse sagte,
seine Landsleute brauchen, um das Oel und das
Moos in den Lampen anzustören.

Da das Eis nach Westen hin dicht war, so
legten wir uns den Nachmittag an das Landsloß
fest und hatten dadurch Gelegenheit, uns einige
Gerichte frisches Fleisch zu verschaffen, indem wir
in ein Paar Stunden drey Hundert Möven geschossen hatten. Man wird sich besser als durch
Beschreibung die ungeheuern Flüge in denen sie
ziehen vorstellen können, wenn ich sage, daß durch
zwey Schüsse aus einem Paar Vogelflinten, sechs
und funfzig Vögel getödtet wurden, und daß auf
einen Schuß zwey und dreyßig fielen. Seit einigen Tagen bemerkte ich, daß viele dieser Vögel
eine Geschwulst am untern Theil des Halses hatten.
Als ich heute mehrere von ihnen mit diesem Kropf
untersuchte, fand ich, daß es ein kleiner Beutel
unter der Zunge war, der mit kleinen rothen
Krabben gefüllt war.

Sonntags den 9ten kamen des Morgens, als
wir das Floß verlassen wollten, drey Schlitten
von Hunden gezogen, übers Eis auf die Schiffe
zu. Es waren vier Personen darin, indem nämlich in einem Schlitten zwey waren. Nachdem
sie die Schiffe eine kurze Zeit angestaunt hatten,
flohen sie als würden sie verfolgt. Sie kamen
nicht nahe genug, als daß wir sie genau hätten
betrachten können, einige am Bord meynten aber,

diese Leute wären größer als die, die wir südlich
gesehen hatten.

In der Hoffnung sie zur Wiederkehr zu bewegen, wenn wir hier länger bleiben müßten, und
auf jedem Fall um einen günstigen Ruf von uns
bey den Eingebornen längs der Küste zu verbreiten, hing Kapitain Roß einige Schnuren Perlen
um den Hals eines der eskimoischen Hunde, die
wir in der Jacobsbucht erstanden hatten und ließ
das Thier auf dem Eisfloß, den wir verlassen
hatten. Eines der Gestelle, auf welche die Compasse
gesetzt wurden, wenn man auf dem Eise Beobachtungen machte, wurde auch mit Perlenschnuren
darauf zurückgelassen. Da die Schiffe gleich nachher segelten, so konnten wir uns nicht vergewis-
sern ob sie zurückkehrten, um diese Sachen zu sich
zu nehmen, es war aber wahrscheinlich, daß der
Hund nach einiger Zeit ihre Wohnungen auffinden und dadurch zur Entdeckung der übrigen für
sie zurückgelassenen Geschenke leiten würde. Nachdem wir indeß den ganzen Tag uns längs dem
Eis westlich gearbeitet hatten, so fanden wir, daß
keine Durchfahrt um die Spitze herum war, die
l'ie südwestliche Seite dessen machte, was für Wolstenholms Sund gehalten wurde. Wir kehrten
also dahin zurück, von wo wir den Morgen hergekommen waren und fanden da den armen Hund
mit den andern Geschenken, die unberührt geblieben waren. Sie wurden alle am Bord gebracht und um Mitternacht legten wir uns wieder

an demselben Floß feſt, den wir den Morgen verlaſſen hatten.

Den folgenden Morgen ſahen wir vier Schlitten von Hunden gezogen auf die Schiffe zukom-
men. Um die Perſonen darin zu bewegen ſich uns
zu nähern, wurde Sackhouſe mit Geſchenken ihnen
entgegen geſchickt. Als er ihnen ziemlich nahe
gekommen war, ſtanden beyde Theile ſtill, indem
Sackhouſe die Sachen, die er mit hatte, in die
Höhe hielt, um ſie von ſeiner Friedfertigkeit zu
überzeugen. Endlich ermuthigten ſie ſich von beyden Seiten und kamen zuſammen. Ehe die Eingebornen Sackhouſe näher kommen ließen, warn-
ten ſie ihn, da ſie im Stande wären ihn zu tödten, indem ſie zugleich ihre Meſſer ſchwangen,
um ihm zu zeigen wie furchtbar ſie wären. Nach
einiger Unterredung gelang es ihm ſie zu überzeugen, daß wir nichts Böſes im Sinne hätten und
verſicherte er ſie, daß ſie mit vollkommner Sicherheit am Bord kommen könnten, worein ſie nach
einigem Anſtand willigten.

Als ſie am Bord der Iſabella kamen, ſchienen ſie einige Zeit außer ſich vor Erſtaunen über
den neuen Anblick zu ſeyn, ſo daß jeder Gegen-
ſtand ihre Aufmerkſamkeit auf ſich zog. Die Höhe
der Maſten ſchien vorzüglich ihre Bewunderung zu
erregen, und als ſie einen Matroſen hinaufſteigen
ſahen, war ihr Erſtaunen ganz außerordentlich. Sie
ſtarrten ihn eine kurze Zeit ſtillſchweigend an und
erhoben dann ein unmäßiges Gelächter, wodurch
ſie überhaupt ihr Erſtaunen zu äußern ſchienen,

denn wenn etwas ihre Aufmerksamkeit besonders auf sich zog, brachen sie immer in ein lautes Lachen, oder vielmehr in Ausrufungen des Erstaunens: als heyah! heyah! aus.

Nachdem ihre Verwunderung etwas gemäßigter geworden, zeigten sie ihre Vorliebe für einige Dinge; Holz und Eisen schien den mehrsten Werth für sie zu haben.   Sie schienen Neigung zum Stehlen zu haben, denn einer nahm des Röhrmeisters großen Hammer und sprang, nachdem er ihn auf das Eis geworfen hatte, augenblicklich nach und nahm ihn auf; als er sich verfolgt sah, warf er ihn hinweg und kehrte nicht wieder zurück, ein hinreichender Beweis, daß er das Unrecht seiner Handlung einsah.

Sie waren klein, einer der gemessen wurde war nur 5 Fuß und 1¼ Zoll groß.   Ihr Gesicht war breiter, als das der Eingebornen in der Jakobs-Bucht und der südlichen Gegenden.   Sie trugen alle lange sehr dünne Bärte, in allen andern Punkten glichen sie den schon beschriebenen Eskimoen.   Ihre Kleider waren aus demselben Stoff, aus Seehundsfellen.   Doch hatten ihre Jacken einen andern Schnitt als die der südlichen Einwohner, sie hatten nämlich eine Klappe vorn und hinten, so daß sie den der Weiber in der Jacobs-Bucht ähnlich sahen.   Ihre Beinkleider, wenn man dieß Kleidungsstück so nennen will, waren auch anders gemacht, denn sie gingen nicht höher als bis an den obern Theil der Schenkel, so daß das übrige nur durch die Klappe der Jacke bedeckt war und wenn sie

sich bückten um etwas aufzuheben, ihr Hinterer ent-
blößt wurde.

Sie schienen sämmtlich in einem Naturzustande
zu seyn, und, ausgenommen über den Theil den sie
bewohnen, so unwissend über alles was die Erde
betrifft, daß sie die südlichern Gegenden für unbe-
wohnbarer hielten als ihre eigenen, weil daselbst
so unübersteigbare Massen Schnee und Eis waren,
die sie immer in dieser Richtung sehen. Sie erzählten, daß ihr Land noch viel nördlicher läge, wo
nur wenig Schnee und Eis und, wie Sackhouse es
verdollmetschte, viel freies Wasser, das heißt
die See sei. Sie sagte sie kämen nur im Sommer her um zu jagen und in kurzem wollten sie nach
ihrem Lande zurückkehren, von dem sie sagten, daß
es von einem König regiert würde der Tolowak
heiße und sein Wohnort Pitowack. Wie weit das
richtig sei kann ich nicht bestimmen, wir konnten
aber keinen Beweggrund auffinden, warum sie uns
etwas falsches berichten sollten, und deshalb verdient
ihre Aussage meiner Meinung nach einigen Glauben, obgleich in einiger Rücksicht sie gegen unsere
Erwartung ist, indem das Land nördlicher weniger
Eis und Schnee haben soll, als die Gegend worin
wir dermalen waren. Man muß auch zugleich das
Dollmetschen des Sackhouse einigermaßen in Anschlag
bringen; da er mit einiger Schwierigkeit verstand,
was sie sagten und seine Kenntniß der englischen
Sprache auch mangelhaft war, so enthält die Erzählung wie er sie wiedergab wahrscheinlich einige
Irrthümer. Diese Leute hatten, so viel wir heraus-

bringen konnten, von einem höchsten Wesen sehr unvollkommne Begriffe und vielleicht gar keine.

Es erhellt, daß sie aus einer andern Gegend waren, da sie nie vorher ein Schiff, nicht einmal einen Kanoe gesehen hatten. Es geht daraus auch hervor, daß sie keine Gemeinschaft mit ihren südlicher wohnenden Landsleuten gehabt haben. Es ist allerdings merkwürdig, daß Bewohner einer Seeküste, die einen Theil ihrer Hauptbedürfnisse aus dem Meer ziehen, wie sich aus ihrer Seehundsfellkleidung und ihren Speeren aus Narwhelzähnen ergiebt, keine Kanoes haben. Daß dieß der Fall sey, erhellte nicht nur aus ihren Aussagen, sondern aus dem was wir sahen, da sie über nichts mehr erstaunten, als daß ein Boot vom Eis ins Wasser gelassen wurde, und als man ihnen den Sackhouse gehörenden Kanoe zeigte, schienen sie den Nutzen davon gar nicht einzusehen. Das ist ein deutlicher Beweis, daß sie die Schifffarth selbst in ihrem rohesten Zustande nicht kennen; denn hätten sie sich ja aufs Wasser gewagt, so müßten ihre Boote aus Fellen bestanden haben, da sie kein Holz haben. Noch ein Beweis, daß sie vorher nie Europäer gesehen haben, ist es, daß sie so sehr über unsere Kleider erstaunten. Nachdem sie sie gefühlt und eine Zeitlang bestrichen hatten, fragten sie Sackhouse, von welchem Thiere diese Felle wären, so daß sie nicht zweifelten, sie wären wie die ihrigen aus Thierhäuten gemacht. Ich könnte noch mehrere andere Geschichtchen erzählen, die ihre gänzliche Unwissenheit über alles, was Civilisation betrifft, beweisen.

Einer dem ein Weinglas gegeben wurde, schien
darüber sehr erstaunt, daß es nicht in seiner Hand
zerschmolz, weil er natürlich meinte es sey aus Eis
gemacht. Spiegel schienen sie eben so sehr in Verwunderung zu setzen, wenn sie ihr Bild darin sahen.

Ihre Schlitten waren ganz aus Knochen, wie
es schien aus Fischbein (whalebone), gemacht. Jeder von ihnen hatte eine Art Messer, das aus kleinen Platten Eisen gemacht war, die dicht an einander in eine in einem Stück Narwhelshorn befindliche
Ritze gesetzt waren; die Platte am Ende war fest
genietet, die andern aber wurden nur durch Klem-
mung in der Kerbe fest gehalten. Es wurden genaue Erkundigungen darüber eingezogen wo sie das
Eisen fänden, woraus die Messer gemacht waren,
wir konnten aber nichts weiter herausbringen, als
daß sie es nah am Ufer in einiger Entfernung von
hier fänden. Wir vermutheten, daß es gediegenes
Eisen sey und daß sie uns nicht viel darüber mit-
theilen wollten, weil sie fürchteten wir würden es
wegnehmen. Sie versprachen indeß morgen wieder
zu kommen und etwas von dem Eisen mitzubringen.
Ich will deshalb jetzt nicht mehr von ihnen sprechen,
da wir bey ihrem zweyten Besuch wahrscheinlich
etwas mehr von ihnen hören werden.

Da das Eis am Dienstag Morgen den 11ten
einige Oeffnung bekommen hatte, so segelten wir
etwas nach Westen längs dem Landfloß. Ich
fürchtete, wir würden unsere gestrigen Gäste nicht
wieder sehen, wir waren aber nicht weit gekommen, als wir wieder durch das Eis aufgehalten

wurden. Wir werden also wahrscheinlich noch einen Besuch von ihnen haben, ehe wir diesen Ort verlassen. Denn bey der Art wie sie behandelt wurden und bey den Geschenken die sie bekamen, werden sie gewiß eben so begierig seyn, wieder zu kommen, als wir sie gerne sehen wollen. Die Geschenke bestanden in einigen Nägeln, einen Hammer, einigen Stücken Holz und einigen andern Kleinigkeiten, doch konnte das kaum als ein Geschenk angesehen werden, da sie uns einige ihrer Speere dafür gaben, die aus Narwhelzähnen (horns) gemacht waren. Wahrscheinlich wären sie heute am Bord gekommen, hätten sie nicht die Schiffe absegeln gesehen.

Den 12ten wehete es fast den ganzen Tag ziemlich stark und schneyete fast unaufhörlich, da der Wind aber vorzüglich südlich war (nach dem Kompaß die Abweichung 92° 18') so trieb er das Eis, in der Richtung wo wir hin wollten, wenig weg. Wir lagen den ganzen Tag an dem Rande des Landeises fest, vor dem Winde von einem Eisberg geschützt. Von diesem fiel gestern Nachmittag ein großes Stück ab, zerquetschte ein bedeutendes Stück eines nahen Floßes, in Tausenden von Splittern und bewegte rund herum das Wasser so stark, daß wir es deutlich auf dem Schiffe merken konnten, obgleich wir, meiner Schätzung nach, neun (hundert?) Fuß *) davon waren. Hätten wir nicht schon vorher gewußt

*) Im Original steht wahrscheinlich als Druckfehler three Yards.

wie gefährlich es sey, der senkrechten Seite der Eisberge zu nahe zu kommen, so hätte dieß eine gute Lehre für uns seyn können, wir haben aber kürzlich einige ähnliche Fälle gesehen, so daß wir uns ihnen nur mit Vorsicht nähern.

Donnerstag Morgen den 13ten gingen wir wieder unter Segel und kamen einige Meilen weiter nach Westen, bis wir wieder durch das Eis aufgehalten wurden, an das wir uns wie gewöhnlich fest legten. Da keine Aussicht da war, daß wir bald segeln könnten, so wurde eine Stange mit einer weißen Flagge in einer beträchtlichen Entfernung von dem Schiffe ins Eis gesteckt. Es sey nun, daß diese Stange oder die Schiffe die Eingebornen aufmerksam gemacht hatten, es kamen zwey in mit Hunden bespannten Schlitten darauf zu. Wie wir sie bemerkten, wurde Sackhouse ihnen entgegen geschickt und beyde Theile kamen dießmal dreister auf einander zu als das vorige mal, oder vielmehr ging Sackhouse mit wenigerm Zögern auf sie zu, denn sie hatten die Flaggstange schon erreicht und warteten daselbst bis er kam.

Nach einer kurzen Unterredung ließen sie sich bereden am Bord zu kommen. Es bedurfte weniger Zuredens, da sie gehört wie freundlich wir unsere vorigen Gäste aufgenommen hatten, die erzählt hatten, daß wir recht gute Leute wären. Die heute uns Besuchenden schienen nicht so erstaunt über das was sie sahen, auch nicht so schüchtern, oder vielmehr argwöhnisch als die vorigen, wahr-

scheinlich weil sie wegen ihrer persönlichen Sicherheit, nach dem von uns erhaltenen Bericht, beru-
higter waren. Sie waren eben so begierig nach
Holz und Eisen und bekamen, um ihre Wünsche
zu befriedigen, von beyden einige Stück. Sie bekamen auch einige andere nützliche Sachen: Nadeln,
Scheeren u. s. w. wofür sie Narwhelzähne (horns),
einen Schlitten und einen Hund gaben. Sie
hatten welche von den schon beschriebenen Messern
und es ergab sich aus dem, was Sackhouse aus
ihnen herausbringen konnte, daß sie das Eisen,
woraus sie gemacht sind, von einer Masse gedieg-
nes Eisen nehmen, die ungefähr eine Tagereise
östlich von hier ist. Sie erzählten ihm auch, daß
der einzige Zweck weßhalb sie so weit her aus
ihrem Lande, das nach Norden liegt, kämen,
der sey, etwas von diesem Eisen zu holen, das sie
mit großer Mühe mittelst Steinen abbrechen und
es dann zu den kleinen Platten schlagen, woraus
die Messer gemacht sind. Ihre Beschreibung
stimmt so gut mit der Beschaffenheit dieser unvoll-
kommnen Werkzeuge überein, daß ich glaube, die
Wahrheit ihrer Erzählung leide wenigen Zweifel.

Als sie nachher genauer über dieses Eisen aus-
geforschet wurden, sagten sie, es wären zwey einzelne Massen davon da, die größte sey so groß
als das Fenster über der Kajüte des Kapitains,
welches ungefähr 4 Fuß Seite hatte. Die andere
sey bedeutend kleiner. Die Stelle, wo diese Massen
liegen, nennen sie Suwillik, von Suwi, Eisen in
der eskimotschen Sprache.

Sie hatten eine sonderbare Vorstellung von
dem Ort wo wir herkämen, sie glaubten wir seyen
aus dem Monde. Als Grund dieser sonderbaren
Vorstellung gaben sie an, daß wir so viel Holz hätten, welches, wie sie glauben, dort sehr viel wächst.

Sie hatten andere lächerliche Begriffe von unse-
ren Schiffen. Als sie sie zuerst sahen, glaubten
sie jeder Mast sey ein großer Mann, der gekommen wäre um sie zu vernichten. Der Gedanke,
daß die Schiffe lebendig wären, hatte sie so ergriffen, daß eine der ersten Fragen, die sie an Sackhouse
thaten, war, ob sie so gut fliegen, als schwimmen
könnten.

Da das Eis nach Westen hin noch dicht war,
so mußten wir den ganzen Freitag den 14ten, an
demselben Orte bleiben, da es nach dem, was wir
kürzlich erfahren hatten, als wir das Landeis verließen, höchst gefährlich schien, uns durch die losen
oder treibenden Floßen nach Süden durchzuarbeiten. Die Luft war die letzten 2 Tage mehrentheils dick, wobei es zuweilen schneyete; der Wind
war stark und südlich.

Heute hatten wir abermals einen Besuch von
den Eingebornen, die in größrer Zahl als bisher
kamen, nämlich ihrer neun. Sie kamen wie gewöhnlich in Schlitten, die sie mit den Hunden ungefähr
eine Meile weit von den Schiffen auf dem Eise ließen. Obgleich diese armen Thiere in dieser Entfernung ohne Bewachung blieben, so gingen sie doch
nicht vom Fleck; ein großer Beweis, wenn es eines
solchen bedürfte, wie klug diese treuen Gefährten,

oder vielmehr diese nützlichen Knechte des Menschen,
in diesem entlegnen Theil der Welt sind. Die Zahl
derselben an jedem Schlitten ist unterschieden, da
sie wahrscheinlich von der Wohlhabenheit der Eigenthümer herrührt; mehrentheils beträgt sie zwischen fünf und sieben. Sie sind mehrentheils paar-
weise angespannt, mit einem einzelnen Leithund an
der Spitze. Sie wurden durch Zügel geleitet, die
aus Wallroßhaut gemacht sind, der Dicke desselben nach zu urtheilen. Auf jedem Schlitten lag
eine aufgeblasene Seehundshaut, deren Nutzen wol
darin besteht, daß sie sich und den Schlitten damit
in die Höhe halten, wenn sie über Wasser setzen,
welches zuweilen durch das Auseinandergehen der
Floße zwischen diese kömmt, wenn sie darauf sind.
Sie bedürfen einer solchen Einrichtung durchaus,
da sie keine Kanoes haben, denn es ist oft der
Fall, daß, wenn der Wind sich dreht, das Eis
in mehreren Stellen auseinander geht, wo vorher
nicht eine Spur einer solchen Trennung war.

Wie sehr sie solche Oeffnungen fürchten, zeigte
sich heute auf eine auffallende Weise. Nachdem
man ihnen einige Stück Holz und Eisen und einige
andere Dinge gegeben und alle die Nachrichten von ihnen bekommen hatte die sie geben
konnten, wurden sie auf das Eis gesetzt, statt
aber wegzugehen sammelten sie sich abwechselnd gegen jedes der Schiffe über, streckten ihre Hände,
gegen uns aus und baten um mehr Holz und
Eisen. Zuletzt wurden sie so überlästig, daß wir
auf ein Mittel sinnen mußten sie los zu werden,

welches zeigt wie abergläubisch sie sind und wie
sehr sie das Auseinandergehn des Eises fürchten.
Ein Matrose auf der Isabella schrie ein Paarmal
laut durch das Sprachrohr, während sie dem
Schiffe gegenüber waren; sie starrten ihn erstaunt
an, als ihnen aber Sackhouse sagte, daß dieß ein
Angekock sey, der recht schnell alles Eis zwischen
ihnen und dem Lande wegblasen würde, wenn sie
nicht schnell abführen, so ging ihr Erstaunen in
Furcht über. Dieß hatte den gewünschten Erfolg,
da sie sich sogleich nach ihren Schlitten aufmachten.

Ich muß wol das Wort Angekock, dessen ich
erwähnt habe, kurz erläutern, da es wol nicht
allgemein verständlich ist. Es bedeutet einen Hexen=
meister oder Wahrsager, der vorgiebt Wunder zu
thun, zu prophezeihen und mit Geistern sich zu
unterhalten. Diese Leute die wegen der Macht
und des Wissens die man bey ihnen annimmt,
die Weisen der Grönländer sind, sind so sehr ge=
fürchtet als geachtet. Sie werden bey jeder wich=
tigen Veranlassung um Rath gefragt und behaup=
ten unter andern, daß sie alle Krankheiten durch
Amulete und Zauberformeln heilen. Eine lange
Erzählung ihrer Betrügereyen befindet sich in Cranß
Geschichte von Grönland.

Zu denen, die heute am Bord gekommen waren,
gehörte einer, der, wie Sackhouse sagte, wie ein
Angekock sprechen könnte, obgleich er zu dieser
Innung nicht gehören wollte. Unser Dollmetscher
schien großes Vergnügen darin zu finden, ihn mit
dem Teufel sprechen zu hören, wie er es nannte;

dieß bestand in einem leisen Murmeln, während diese Grönländer gewöhnlich sehr laut sprechen, als wendeten sie sich an eine entfernte Person. Dieser Eskimoer zeigte uns auch, auf welche Weise die Robben auf dem Eise gefangen werden. Die Jäger legen sich nämlich ⬛der und grunzen wie diese Thiere, indem sie zugleich auf den Ellbogen springen und die Bewegnng derselben so gut nach-ahmen, daß es kein Wunder ist, daß diese dummen Thiere dadurch getäuscht werden. Er sang uns auch ein Lied vor, welches, mag es auch noch so schön gedichtet seyn, wenig Melodie hatte. Bey dem Ende jedes Verses, oder wenigstens von Zeit zu Zeit, stimmten seine Gefährten im Chor ein; während er sang, war sein Körper in steter Bewe-gung, die nach unsern Begriffen nicht zu den an-ständigsten gehören, die diese Grönländer aber viel-leicht für sehr anmuthsvoll halten.

Unter diesen Grönländern waren einige, die uns das erstemal besucht hatten; der den Hammer hatte stehlen wollen, war auch dabey. Ein ande-rer wollte heute mit einem Fernglas und einem Paar Rasiermesser des Kapitain Roß sich davon machen, so daß sie offenbar eine Neigung zum Diebstahl haben. Was ihre Personen betrifft, so kann ich wenig zu dem gesagten hinzu setzen. Ich habe bey ihnen wie bey den südlichen Grönländern bemerkt, daß ihre Füße und Hände sehr klein im Verhältniß zu ihrem Körper waren. Einer von ih-nen hatte ein kürzeres Bein; er war der einzige Eski-

moer an dem, wir bis jetzt eine Verunstaltung bemerkt hatten.

Sie hatten wie gewöhnlich, Narwhelzähne, die
sie für ihre Lieblingsgegenstände, Holz und Eisen,
vertauschten. Wir bekamen auch einige ihrer Messer, die den schon beschriebenen ähnlich waren. Sie
waren im Durchschnitt zehn Zoll lang und ihre
Schneide war an den Stellen, wo die unterschiednen Stücke Eisen zusammengesetzt waren, sägeför-
mig, so daß sie der eines Malagschen Serpen-
tienmessers (Serpentine Malag creesse) einigermaßen ähnlich war.

Den folgenden Tag, Sonnabend den 15ten,
hatten wir abermals einen Besuch von den Eingebornen, sie brachten aber außer zwey gewöhnlichen Steinen nichts mit sich. Sie wurden nicht
am Bord gelassen, weil sie nichts von dem gestern
versprochenen Eisen mitgebracht hatten und gingen
bald darauf wie es schien unzufrieden hinweg.

Die Menge der kleinen Möven (rotges) die
um die Schiffe herum flogen, hatten seit den letzten
2 Tagen wo möglich zugenommen. Als ein Beweis ihrer großen Menge mag es dienen, daß mit
drey Flinten wir heute im Lauf von fünf bis sechs
Stunden 1263 Stück schossen, von denen 93 durch
einmaliges Abschießen der 3 Flinten fielen. Ein
Theil davon ist seit einigen Tagen regelmäßig für
die Mannschaft gekocht worden, die andern sind
abgezogen und in Fässer zwischen Lagen gestoßnes
Eis gepackt worden, wodurch man sie, so lange

es nöthig ist, in diesen Gegenden aufzubewahren
hofft.

Den 16ten Morgens erhob sich ein leichter,
südöstlicher Wind, hierdurch wurde in wenigen
Stunden ein großer Theil des losen Eises von
dem Landfloß abgetrieben, so daß den Nachmittag
wir um die westliche Spitze oder des Vorgebürge,
welches die Eingebornen die Sichiliskspitze (Point
Sichilik) nennen, durch die unsre Aussicht auf
die Küste so wie unsere Fahrt beschränkt wurde,
herumkamen. Durch den heutigen Erfolg sind
wir so gestimmt wie man es gewöhnlich nach über-
wundenen Schwierigkeiten ist; wie lange unser
Glück dauern wird läßt sich natürlich nicht bestimmen. Wir haben indeß eine bessere Aussicht, eine
Strecke vorwärts zu kommen, als wir seit einiger
Zeit hatten, da die Küste, so weit wir sehen können, eisfrei ist. Das Eis ist zwar nicht sehr weit
entfernt, sollte der Wind indeß einige Zeit so bleiben wie er jetzt ist, so wird der eisfreye Raum
vergrößert werden und wir so weiter kommen können. Die Küste zieht sich so weit wie wir sehen
können immer noch nach Westen. Sie ist sehr
steil, obgleich nicht sehr hoch und ist ganz mit
Schnee bedeckt, den Theil der nach der See gerichtet ist abgerechnet, da er so schroff ist, daß der
Schnee nicht darauf liegen kann. In den Thälern ist er dagegen in großen Massen aufgehäuft.
Es liegen eine Menge Eisberge an dieser Küste,
sie sind aber nicht so hoch als mehrere die wir
früher gesehen haben. Die geringe Tiefe des Mee-

res ist wol die Ursache hiervon, denn in einer
Entfernung von etwa drey bis vier Meilen vom
Lande fanden wir schon bey 27 Faden Grund.

Nachdem wir um die Spitze Sichilik gekommen waren, die unter dem 75° 54′ 34″ nördl.
Br. und dem 66° 53′ 49″ westl. Länge liegt,
wurde es fast windstill. Da die Schiffe dicht an
der Küste waren, so konnte ein Boot ans Land
geschickt werden. Wir landeten auf einer niedrigen Spitze dicht an dem Kap und fanden da die
Trümmern einiger Hütten, die dem Anschein nach
seit einigen Jahren nicht bewohnt gewesen waren.
Nahe bey den Trümmern dieser Hütten lagen mehrere Haufen oder vielmehr roh aufgebauete Gewölbe von losen Steinen, die offenbar Begräb-
nißörter waren, da in einem ein Menschenschädel
gesehen worden war. Der Raum worin sie eingeschlossen waren, war 5 bis 6 Fuß lang, zwey
breit und eben so hoch. Auf dem Hügel, ein
wenig höher als die Trümmer, fanden wir einige
kleine Haufen Steine, wir untersuchten zwey oder
drey davon und fanden darunter eine Anzahl kleine
Möven (rotges), in einem Haufen wenigstens 40
Stück. Sie waren wahrscheinlich ein Theil des
Vorraths der Eingebornen, wahrscheinlich derjeni-
gen, die uns vor einigen Tagen besucht hatten,
da sie bloß hier zum Jagen waren, wenn man
dieß von Leuten sagen kann, die keine andern Waf-
fen haben als Narwhelzähne und Messer, die fast
nur aus demselben Stoff bestehen. Der Kunstgriff, den indeß der zeigte, der gestern die Robbe

nachmachte, macht es wahrscheinlich, daß sie Mittel haben sich den Lebensunterhalt zu verschaffen, den ihr Land hervorbringt.

Wie lange diese Vögel getödtet waren, konnten wir natürlich nicht herausbringen, wahrscheinlich indeß nicht länger als einen Monat, da sie gut erhalten, obgleich auf keine Weise zubereitet waren. Sie hatten ihre Federn und sonst alle Theile. Wie die Eingebornen sie tödten, konnten wir nicht errathen, wahrscheinlich geschah es mit Steinwürfen; denn auf dem Hügel, nah dabey wo die Vorräthe sich befanden, war eine große Menge dieser Vögel auf dem Felsen versammlet und schien sich so wenig darum zu bekümmern, daß wir uns ihnen näherten, daß, hätten wir es gewollt, wir eine große Niederlage unter ihnen hätten anrichten können. Wir bemerkten, daß nahe bey jedem Magazin, worin die Vögel aufbewahrt waren, einige Steine aufrecht gestellt oder zwey oder drey über einandergelegt waren; dieses sollte, wie wir vermutheten, Zeichen seyn wo die Vorräthe wären, wenn sie durch den Schnee bedeckt würden ehe die Besitzer wiederkamen. Vielleicht waren es auch Zeichen, durch die jeder seinen eignen Vorrath erkennen konnte.

Auf der Oberfläche des Schnees dicht dabey wo wir landeten, fanden wir eine Art rothen Stoff, der zum Pflanzenreich zu gehören schien. Man hat etwas ähnliches auf der Oberfläche des Schnees auf den Alpen und Pyrenäen gefunden. Wir brachten etwas davon am Bord, so wie mehrere

andere Gegenstände aus dem Pflanzen - und Steinreich. Dieser Stoff findet sich sehr häufig auf dieser
Küste, da der Schnee an mehreren Stellen auf
großen Flächen damit bedeckt ist. Er ist im Wasser auflöslich, dem er eine dunkelrothe Farbe
giebt; steht das Wasser eine Zeitlang, so sinkt er
zu Boden und es bleibt fast ungefärbt. Es ist
merkwürdig, daß er nicht tiefer als einen bis zwey
Zoll unter die Oberfläche des Schnees bringt, und
hätte man ihn nicht auf den Alpen und Pyrenäen
bemerkt, wo keine kleinen Möven (rotges) seyn
können, die hier so zahlreich sind, so würde ich
sehr geneigt seyn anzunehmen, daß dieser Stoff
der Koth dieser Thiere ist.

Diese Vermuthung wird dadurch wahrscheinlich, daß wir eine große Menge derselben da sitzen
fanden, wo der rothe Schnee liegt. Ich habe
schon bemerkt, daß ihr Futter aus kleinen rothen
Krabben (Garnenlar) besteht.

Auf der Spitze, an der wir landeten, fanden
wir gegen Vermuthen mehrere Flecke mit dickem
grobem Gras, das hin und wieder 8 bis 9 Zoll
lang war. Der Boden bestand aus einer weichen
schwammigten Masse, die an einigen Stellen zwey
oder drey Zoll dick war. Da wo kein Gras wuchs,
war die Oberfläche sehr schön mit weichem Moos
bekleidet, das die Eingebornen zu Dochten in ihren
Lampen gebrauchen. Wir nahmen eine bedeutende
Menge davon am Bord.

Seit wir um Point Sichilik gesegelt sind, haben wir nur wenige kleine Möven auf dem Wasser

gesehen und nur einen Wallfisch, der dicht am Lande
war, als wir diesen Abend landeten.

Wegen des wenigen Windes kamen wir den
folgenden Tag den 17. wenig vorwärts, den Nachmittag mußten wir uns an einem Eisberge festlegen,
um nicht durch die Ebbe und Fluth weggetrieben zu
werden, die Südwest und eine Meile (mile) die
Stunde läuft. Während wir an dem Berg fest
lagen, nämlich von zwey bis vier Uhr, ebbete das
Wasser 20 Zoll. Ist die Ebbe und Fluth also
regelmäßig, so können wir annehmen, daß sie 5 Fuß
fällt und steigt.

Wir erhielten heute vom Capitain Roß einen
Befehl, wie wir es mit den naturgeschichtlichen
Gegenständen halten sollten, die wir etwa künftig
fänden. *)

Dienstag Morgen den 18ten, ungefähr um
9 Uhr, waren wir einer kleinen felsigten Insel gegenüber, die ungefähr 3 Meilen von einem Vorgebürge lag. Westlich davon zieht sich das Land
Nordost bey Nord, (nach dem Compaß, die Abweichung ist 76° 56'). Jenseits dieses Vorgebürges zeigte sich ein bedeutender Unterschied in dem
Ansehn des Landes. Erstlich ist es weit freyer vom
Schnee als irgend ein Theil der Küste, die wir gesehen hatten, und dann ist es niedriger als wir es
noch bisher in diesen Gegenden gefunden haben.
Es ist auch weit gleichförmiger, ebener und erhebt
sich allmählig von der Küste, wo es sehr niedrig
ist, gegen das Innere zu. In einem Thale, einige

*) S. den 3ten Anhang.

Meilen nach Westen von diesem Vorgebürge, erstreckte sich ein ungeheuerer Gletscher von weit im
Lande her nach der Küste, und hatte es wirklich
das Ansehen als erstrecke er sich etwas ins Meer
hinein.

Bei dieser Küste fanden wir durch das Stampfen
des Schiffs und der Eisberge, daß die See sehr hoch
ging. Das Wasser war noch ziemlich eisfrey und wir
hatten den ganzen Tag guten Wind. Den Nachmittag kamen wir bey einem großen Sund vorbey,
an dessen Eingang eine Insel lag. Wegen dieses
Umstandes der Entfernung von dem Vorgebürge,
und weil die kleine Insel, der wir diesen Morgen vorbey gekommen waren, so genau wir es
schätzen konnten, 12 Meilen (leagues) entfernt
war, können wir mit allem Recht annehmen, daß
das Vorgebürge Baffins Kap Dudley Digges
und der Sund der ist, den er Sir John Wolstenholms Sund nannte. Es würde wirklich unmöglich seyn mit derselben Menge Worte eine
genauere Beschreibung dieser Oerter zu geben, als
er in seinem Tagebuch gethan. *) Er muß sich
aber bey der Breite von Kap Dudley Digges
sehr geirrt haben, denn wir fanden, daß die Breite
des Vorgebürges, dem wir heute Morgen vorbey
kamen, 76° 05′ 24″ nördl. und seine Länge 68°
16′ 50″ westl. ist, während er das Kap Dudley Digges unter den 76° 35′ nördl. Br. setzt.
Der geographischen Lage von Wolstenholms Sunde
erwähnt er in dem gedachten Tagebuch nicht, wir

*) S. den 2ten Anhang.

finden aber durch einige Lagen, daß der Mittelpunkt der Insel, die in der Einfarth des Sundes
liegt, unter dem 76° 29' 39'' nördl. Br. und
70° 40' 46'' westl. Länge ist. Nördlich und westlich von dieser Insel liegt ein merkwürdiges Stück
Tafelland, dem Anschein nach eine Insel, und zwischen diesem und dem Sund liegt ein inselartiger
kegelförmiger Felsen, gegen den über wir heute
mit einer Senklinie von 90 Faden keinen Grund
finden konnten.

Mittewochen den 19ten kamen wir zu einer
Gruppe von sieben oder acht Inseln, von denen
drey bedeutend größer waren; diese hielten wir für
Baffins Carey - Inseln. Sie liegen so viel
wir schätzen konnten in der Entfernung von der
Küste die er angiebt, nämlich zwölf oder drey-
zehn Meilen (leagues) weit. Nach Norden und
Osten derselben war ein leerer Raum, wo kein
Land zu sehen war, und dieß, vermutheten wir, sey
die Einfarth in Baffins Whalesund. *) Der Mittelpunkt dieser Oeffnung lag um Mittag Nord
23° Ost von uns (in wahrer Lage). Westlich von
dieser Oeffnung konnten wir das Land auf eine
bedeutende Strecke sehr deutlich sehen, und ungefähr um 1 Uhr wurde berichtet, daß man Land
im Norwest (nach dem Kompaß) sah und von diesem Strich aus rund herum nach dem festen Land
östlich. Ein Bericht von solcher Wichtigkeit brachte

---

*) Die Breite des wahren Kap Dudley Digges ist un-
gefähr 3 Meilen (miles) weiter, von der die Baffin angab,
als die Breite des Kaps, die wir im Irrthum dafür hielten.

uns alle augenblicklich aufs Verdeck; was aber mich
selbst betrifft, so konnte ich, ohne meiner Einbildungskraft mehr als meinen Augen zu trauen,
nicht sagen etwas mehr gesehen zu haben als was
man gewöhnlich den Schein vom Lande (Loom
of the Land) nennt. Man sagte allerdings,
daß ein Nebel, bald nachdem es zuerst gesehen
worden, entstanden war; hoffentlich werden aber
durch den Augenschein alle Zweifel über diesen
Gegenstand bald so aufgehellt werden, daß jeder,
der auch nur die geringste Theilnahme für diesen
Gegenstand hat, sich überzeugt halten wird. So
weit ich urtheilen kann, scheint jetzt (um Mitternacht) alles hierzu günstig, da wir einen starken
südwestlichen Wind (nach dem Kompaß) haben,
und das Meer abgesehn von einem losen Strom,
im Nordwest (nach dem Kompaß) ganz eisfrey ist.

Unsere nördl. Br. um Mittag war heute 76°
29' 27" und die westl. Länge 73° 14'. Die
Abweichung der Magnetnadel war nach mehreren
Azimuthbeobachtungen, die am Bord gemacht würden, 101° 30" westlich. Die Neigung derselben
nach Beobachtungen des Kapitain Sabine auf einem Eisberge betrug 85° 44' 38". Die Carey-
Inseln lagen um Mittag von (wahren) Nord 9°
West bis Nord 22° Ost von uns und die Entfernung der nordwestlichsten schätzten wir auf 12
Meilen (miles) von uns, so daß ihre Breite
ungefähr 76° 41' 21" und ihre Länge 73° 22'
30" westlich wären. Um 4 Uhr N. M. fanden
wir mit einer Senklinie von 200 Faden keinen

Grund. Um 7 Uhr N. M. lag die westlichste der
Caren-Inseln im (wahren) Nord 64° Ost und ungefähr 9 bis 10 Meilen (miles) von uns.

Ungefähr um 10 Uhr wurde das Signal für
den Befehlshaber von der Isabella gemacht. Lieutenant Parry ging am Bord und bekam vom Kapitain Roß versiegelte Befehle, die, im Fall wir getrennt würden, geöffnet werden sollten.

Donnerstag den 20sten um 4 Uhr N. M. da
das Wetter heller geworden war, sahen wir deutlich das westliche Land, das man gestern gesehen
haben wollte, in der Entfernung von 9 bis 10 Meilen (miles) sich von Nord ¼ Ost nach Nordost
bey Ost (nach dem Kompaß) ausdehnen. Diese
Küste sieht ganz anders aus, als die, der wir die
letzte Zeit vorbeygekommen sind; sie ist rauher,
höher, endigt sich in spitzen Klippen und ist der ähnlich, die südlicher von Ris-coll liegt, oder der, die
wir zuerst sahen, nachdem wir in die Straße gekommen waren. Auch unterscheidet sie sich von der
die wir gleich vorher sahen, dadurch, daß sie fast
ganz mit Schnee bedeckt ist. Kurz nachdem wir
das westliche Land gesehen hatten, wurde bemerkt,
daß eine der Caren-Inseln Süd bey West (nach
dem Kompaß) lag.

Den übrigen Theil des Tages brachte ich größtentheils auf dem Verdeck zu, begierig zu sehen ob
das Land östlich, die grönländische Küste, mit dem
westlichen in Verbindung stand; ich war aber nicht
so glücklich dieß zu bemerken, obgleich von 10 Uhr
bis Mitternacht das Wetter besonders schön und

hell war. Es ist möglich, daß die Lücke oder der offne Raum nach Norden, in dem ich kein Land finden konnte, das ist, was Baffin Sir Thomas Smith's Sund nennt; und wenn nach seiner Angabe „dieß der tiefste und größte Sund in dieser Bay ist" so ist es nicht wahrscheinlich, daß wir das Ende desselben in einer solchen Entfernung gesehen haben sollten, da wir nach unserer Schätzung 20 Meilen (leagues) von dem nördlichsten Ende der sichtbaren westlichen Küste sind. Nach dieser Schätzung würde die Breite der nördlichsten Küste die gesehen worden, ungefähr 77° 39′ seyn, was 21 Meilen (miles) diesseits (südlicher) des Punktes ist, wo Baffin das Ende von Sir Thomas Smith's Sund setzt.

Unsere Breite war heute um Mittag 76° 40′ 52″ N. und um 50 Minuten später, als die Zeit wo wir am weitesten nördlich waren, 76° 46′ 40″ N. Unsere Länge war dermalen nach Berechnung 73° 55′ westl. Die Neigung der Magnetnadel wurde auf einem Eisberge des Nachmittags bemerkt und durch drey Beobachter, durch Kapitain Sabine, Lieutenant Parry und Herrn Bushnan 86° 08′ 92″ *) gefunden. Sie fanden auch auf diesem Eisberge eine Ebbe und Fluth, die von (dem wahren) Ost bey Nord mit einer Geschwindigkeit von einer Stunde die Meile läuft; das Wasser ebbete, fiel aber nur einen oder zwey Zoll während der Zeit, in welcher sie da waren.

*) Begreiflich ein Druckfehler des Originals.

A. d. Ue.

Abends fanden wir mit 85 Faden Grund. Es fand sich damals ein bedeutender Unterschied in der spec. Schwere des Seewassers, da sie 1027. 1. (Temperatur 42°) war, welches mehr ist als sie seit dem 5. July war.

Zwischen 11 und 12 Uhr Nachts segelten wir nach Süden und gaben es auf in dieser Gegend die Durchfarth zu suchen; ich hoffe nach völliger Ueberzeugung, daß solch eine Durchfarth hier nicht statt findet. Ich bin selbst der festen Meynung, daß hier nicht die Stelle ist wo man sie suchen muß, obgleich ich gestehen muß, daß ich nicht sehe, daß am Ende dieser Bay, wenn man sie so nennen darf, die Küste zusammenhängt. Um zu zeigen, daß ich nicht der einzige bin, der in dieser Rücksicht unglücklich war, habe ich im 4ten Anhang eine genaue Abschrift aus dem Logbuch des Schiffs für heute genommen, woraus sich nicht ergiebt, daß man zugleich das Land allenthalben rundum gesehen hat; auch ergiebt sich aus Vergleichung der Lagen der östlichen und der westlichen Küsten, die zu unterschiednen Zeiten beobachtet wurden, nicht, daß sie zusammenstoßen.

Freytag den 21sten sahen wir auf der westlichen Küste, fast gegenüber der Stelle wo wir gestern Abend waren, ehe wir segelten, einen ungeheuern Gletscher, der aus einem langen Thal wenigstens zwey bis drey Meilen weit sich in die See erstreckte und von der Küste zu seinem äußern Rande, der gewiß drey Meilen breit war, allmählig sich verflachte. Ich hege keinen Zweifel, daß die Eisberge Stücke von Gletschern sind, wenn sie vom Lande abbrechen.

Während der ganzen vorigen Nacht und diesen Morgen segelten wir südlich längs der Westküste, bis wir zu einer Oeffnung zwischen derselben und einer andern Küste kamen, die eine gegenüber liegende Insel zu seyn schien. Hier fanden wir eine bedeutende Menge loses Eis, und da die Luft dick und nebligt wurde, legten wir uns um $11\frac{1}{2}$ Uhr V. M. an einen Eisberg. Um 8 Uhr V. M., als die letzten Logen des Landes beobachtet waren, war das südliche Ende der Westküste in Nord bey West und die Küste an der Südseite der Einfarth, die wir für Baffins Alderman Jones's Sund halten, in Nordwest bey Nord.

Wir fanden bey dem Eisberge, an dem wir lagen, in 153 Faden morastigen Grund mit Muschelschalen. Auf einer Seite desselben, wo das Meer in einer kleinen Vertiefung über das Eis spülte, fanden wir eine ungeheuere Menge Clios und eine Art von Medusa, die wir noch nicht gesehen hatten. Die kleinen Fühlhörner rund um die Seiten derselben, waren in steter Bewegung und hatten die schönsten Farben, größtentheils ins Purpurne ziehend. Wir versuchten einige von ihnen in Weingeist aufzubewahren, kaum waren sie aber darin als sie sich auflöseten oder vielmehr zusammen fielen. Wir haben jetzt ungefähr eine Stunde lang um Mitternacht etwas Dunkelheit, so daß man um in der Kajüte zu lesen oder zu schreiben, Kerzenlicht nöthig hat.

Das Wetter war den ganzen Tag Sonnabend den 22sten neblig und wir blieben deshalb an dem Eisberg liegen. Ein 15 Fuß hoher Pfahl, an dem oben ein Brett mit der Inschrift „Isabella, John Roß, war grade hier" wurde darauf eingesetzt und darunter ein Cylinder mit einigen Papieren eingescharrt.

Sonntag den 23sten verließen wir, da es ein wenig aufgeklärt und ein leichter Wind aus West-südwest (nach dem Kompaß: Abweichung 107° westl.) sich erhoben hatte, zwischen 11 und 12 Uhr V. M. den Eisberg und segelten zwischen losem Eise durch, das viel schwerer das heißt dicker war, als wir bisher welches gefunden hatten. Im Lauf des Nachmittags wurden einzelne Theile des westlichen Landes undeutlich durch den Nebel gesehen.

Den folgenden Morgen legten wir uns, da kein Wind und die Luft dick und neblig war, an einen niedrigen Eisberg. Auf mehreren Stücken Eis', denen wir gestern vorbey kamen, fanden wir Spuren von Löwen; eine davon wurde gemessen und gab die folgenden Bestimmungen.

Länge des Eindrucks des Hinterfußes	1 Fuß	11 Zoll.
Breite desselben	1 —	1 —
Länge des Eindrucks des Vorderfußes	1 —	1 —
Breite desselben	1 —	0 —
Von dem Vordertheil eines Fußtapfen zu dem Hintertheil des zweiten dahinter	7 —	10 —

Wir verfolgten diese Spur bis zu dem Rande des Eises, wo das Thier ins Wasser gegangen seyn muß, wenn das Floß nicht in Berührung mit anderem Eise gewesen ist.

Den Nachmittag untersuchten wir mit dem selbstaufzeichnenden Thermometer die Temperatur des Meeres in unterschiedenen Tiefen. In 240 Faden Tiefe war sie $29\frac{1}{2}°$; bey 100 Faden 30° und auf der Oberfläche $31\frac{1}{2}°$, die Temperatur der Luft im Schatten war dermalen 33°.

Die letzten beyden Tage haben wir mehr Robben als gewöhnlich gesehen. Herr Beverley zählte einmal 62 auf dem Eise.

Die Isabella fischte heute ein Stück Föhrenholz von 18 Zoll Länge auf, das sehr vom Wasser durchzogen, aber nicht wurmstichig war. Es hatte in der Mitte einen Einschnitt wie von der Säge und einen andern von einem ähnlichen Instrument nahe am Ende. Es war auch ein krummer Nagel darin und der Rostfleck von einem andern. Der Nagel war von einer ungewöhnlichen Gestalt, flach und der Kopf groß im Verhältniß zu seiner Größe. Da es uns nicht bekannt ist, daß seit Baffin ein Schiff hier so weit nördlich gewesen ist, so können wir daraus schließen, daß es von Süden her getrieben ist, wenn man nicht annehmen will, daß es da gewesen ist, seit jener Seefahrer hier war, welches ich kaum für möglich halte.

Dienstag den 25sten verließen wir des Morgens den Eisberg, der Wind war aber so schwach, daß wir fast nur durch Bugsieren ein wenig vorwärts kamen. Ungefähr um ein Uhr Nachmittags schossen wir aus drey Büchsen auf einen ungeheuern

Robben, er schien nach der Menge Blut, die er auf dem Eise ließ, von den drey Kugeln getroffen, entkam aber doch ins Wasser, tauchte einigemal auf um zu athmen und verschwand endlich, wie diese Thiere thun sollen, wenn sie tödlich verwundet sind.

Nachmittags legten sich beyde Schiffe wieder an einen Eisberg, neben dem wir mit $54\frac{1}{2}$ Faden einen aus kleinen Steinen und Muscheln bestehenden Grund fanden. Der höchste Theil dieses Berges über dem Wasser war $92\frac{1}{2}$ Fuß und sein Durchmesser 603 Fuß. Nach der erstern Ausmessung scheint der über dem Wasser stehende Theil nicht das Verhältniß zu dem darunter zu haben, als wir bisher fast unveränderlich gefunden hatten, nämlich 1 zu 7. Indeß ist das angegebne Maaß nur das des höchsten Theils, seine allgemeine Höhe wurde auf 80 Fuß geschätzt, welches wieder das angegebne Verhältniß giebt. Durch Versenkung eines Würfels daraus in Seewasser, hatten wir einen offenbaren Beweis, daß dieß der Fall war. Folgendes ist das, was aus diesem Versuch und den übrigen heutigen Beobachtungen hervorging. Die Seiten des Würfels waren 48 Linien; 7 waren über Wasser, welches bey dem Versuch 30° Temperatur und eine spec. Schwere von 1025,5 hatte.

Die beobachtete Breite um
Mittag war   76° 08′ 28″ N.
Die Länge nach dem Chrono-
meter   78° 34′ 52″ W.

Die Abweichung nach zwey
Azimuthbeobachtungen auf
dem Eisberge   109°, 35', 58'', W.
Die Neigung, wie sie Kapitain
Sabine auf dem Eisberge
beobachtete   85°, 59', 15''.

Auch auf diesem Eisberge wurde ein Cylinder und Pfahl wie die am 22sten erwähnten, eingegraben.

Den 26sten verließen wir etwas nach 6 Uhr B. M. den Eisberg und zogen die Segel auf, kamen aber wegen des schwachen Windes nur wenig weiter. Während des größten Theils des Morgens war die Luft dick und nebligt, es klärte aber gegen 11 Uhr auf, so daß wir einige Theile der Küste sahen. Um diese Zeit sahen wir einen hohen kegelförmigen Felsen gegen einem Vorgebürge über, gegen Süden 40° West vier bis fünf Meilen (leagues) entfernt liegen. Bey der Einfarth der Oeffnung (Alderman Jones's Sund?), der gegenüber wir seit mehreren Tagen waren, sahen wir einige der größten Eisberge, auf die wir bis jetzt gestoßen waren; einige waren, glaube ich, über eine Meile (mile) lang.

Wir kamen heute mehreren Stücken Eis vorbey, auf denen große Steine lagen. Beyde Schiffe ließen ein Boot herab, um einige davon zu holen; die am Bord des Alexander gebracht wurden, waren eine Art grauer Granit, die von einer Masse abgebrochen waren, die wenigstens 5 bis 600 Pfund gewogen haben muß. Auf dem Eise waren eine Menge Robben. Elfenbeinmöven (larus ebur-

9

neus) und andere Möven (Kittiwake, larus
Rissa) sahen wir auch häufiger als gewöhnlich; es
ist aber merkwürdig, daß wir fast keine kleinen
Möven (alka alle, rotges) gesehen haben, seit
wir Point Sichilik am 10ten vorbeygekommen sind.
Noch weniger erklärbar ist es, daß wir seitdem keinen
Wallfisch gesehen haben, wenn wir nicht den in
Anschlag bringen, auf den wir stießen, als wir auf
der Westseite dieses Vorgebürges ans Land gingen.
Den Nachmittag ließen wir mehreremal das Senkbley fallen und fanden Grund bey 63, 68 und
75 Faden, bestehend aus Morast und Sand,
Sand und Korallen und reinem Sande. Wir
waren von losem Eise und Eisbergen umgeben,
das Wasser war aber so offen, daß wir kein Hinderniß hatten.

Dienstag den 27sten blieb die Luft dick und zuweilen regnete es. Wir hatten einen stärkern Wind
aus Südwesten (nach dem Kompaß), wodurch wir
etwas nach Süden gelangen konnten. Unsere Breite
war Mittags, nach Rechnung, 75° 42' 40" nördl.
und unsere Länge 77° 56' 30" westl. Wir warfen
um diese Zeit ein Senkbley aus und fanden in 95 Faden Grund, aus Sand und kleinen Steinen bestehend.

Wir fanden heute, daß die Kompasse mehr als
je seitwärts abwichen (traversed), während die Ablenkung (deviation) größer war, als wir sie bisher gefunden hatten, so sehr daß die Richtung des
Schiffs beym laviren sieben Striche von der des
Kompaß unterschieden war; denn nach einem über

der Kajüt-Treppe stehenden Kompasse des Alexander, der die besten haben soll, war die Richtung des Schiffs beym Laviren auf der einen Seite, West Nordwest und auf der andern Seite Südwest bey Süd, während der Wind derselbe blieb, wie sich das offenbar ergab, indem wir dasselbe beym mehrmaligen hin und her Laviren bemerkten. Es verdient angegeben zu werden, daß wir nun durch den Parallelkreis kamen, in dem wir die Abweichung der Magnetnadel 90° östlich (eastward) gefunden hatten; es läßt sich daraus schließen, daß, hätten wir Gelegenheit gehabt, jetzt die Abweichung zu beobachten, wir sie eben so groß, aber die Neigung der Nadel größer gefunden haben würden. Dieß ergiebt sich aus der Voraussetzung, daß der magnetische Pol in dem Parallelkreise liegt, durch den wir heute kamen, und gewiß wäre es wünschenswerth gewesen, dieß wo möglich durch Beobachtung auszumitteln. Den Abend waren wir mitten zwischen sehr schwerem Eise und zwischen dichterem als wir seit einiger Zeit hatten. Da aber der Wind ziemlich stark war, so zwängten wir uns durch.

Die Luft war den 28sten noch nebligt, so daß wir um Mittag nur eine Beobachtung von wenig Werth machen konnten; unsere Breite war nach derselben 75° 21'. Nachmittags sahen wir die Küste undeutlich, sie schien sich Süd ½ West in wahrer Lage zu ziehen. Die Spitzen der Hügel waren runder als die nördlicher liegenden, doch war unsre Entfernung vom Lande zu groß, als daß wir viel über die Beschaffenheit desselben hätten sagen können. Während des Nachmittags kamen wir drey merkwürdigen Hügeln vorbey, die man durch den Nebel sah, der die übrigen Küsten verhüllte, sie lagen im (wahren) Westen von uns. Abends kamen wir durch einen Strom schweren Eises, welches das erste Eis war, auf das wir im Lauf des Tages gestoßen waren. Wir hatten von Süden her so hohe See, daß wir vermutheten, es könne weder Land noch Eis in dieser Richtung seyn, und allerdings war jetzt freyes Wasser uns sehr erwünscht; da um Mitternacht es zwey bis drey Stunden dunkel war, so daß wir heute Nacht zuerst Licht im Nachthäuschen und in der Konstabelkammer haben mußten.

Während des Vormittags des Sonnabends, den 29sten, war es wie seit einiger Zeit so bedeckt und nebligt, daß wir keine Sonnenmittagshöhe beobachten konnten. Unsere Breite der Rechnung nach war 74° 58′ nördl., und unsre Länge der Rechnung nach 77° 42′ westl. Den Nachmittag wurde es indessen heller, so daß wir die Küste recht gut sehen konnten und folgende Lagen beobachtet wurden. Um 8 U. N. M. lagen die Enden der Küste von N. O. bey O. nach N. bey O. ½ O., indem die Küste hier sich nach S. O. bey O. und N. W. bey W. zog. Ein anderer Theil der Küste, der hoch und uneben war, lag nach dem Kompaß W. N. W.; der nächste Theil der Küste war 6 bis 7 Meilen (leagues) entfernt. Etwa zwey Stunden, vor dem diese Lagen beobachtet waren, fanden wir bey 195 Faden Grund aus Sand und kleinen Steinen.

Der Breite nach zu schließen, worin wir jetzt sind, ist die Einfarth zwischen N. bey O. ½ O. und der südlichen Küste die in W. N. W. liegt, der Eingang zu Baffins Sir James Lancasters Sund; und wenn man den Ausspruch dieses Seefahrers in Zweifel ziehen will, der das Ende dieser Einfarth, oder wie er es, und wie ich vermuthete, nicht gegründet nennt, dieses Sundes *) gesehen haben will, so hat sie weit mehr das Ansehen des Anfangs der gewünschten Straße, als irgend eine Stelle die wir bis jetzt gesehen haben. Erstlich ist das Meer ganz eisfrey, und zweytens ist das Wasser wärmer, als es seit den 7ten dieses gewesen, indem es 36° auf der Oberfläche und 31° im Grunde ist. Das Wogen des Meeres, die Breite der Oeffnung und die Tiefe des Wassers sind günstige Erscheinungen, auch sind wir nicht sehr weit davon, wo Herr Hearne an der Mündung des Coppernicanflusses das Meer sah.

Am Morgen des Sonntags den 30sten, als der Wind (dem Kompaß nach) östlich war, segelten wir in diese Einfarth, und je weiter wir vorwärts kamen, desto lebhafter wurden unsere Hoffnungen,

---

*) Wörtlich drücken seine eignen Worte es nicht aus, daß er das Ende sah, ob er gleich es einen Sund nennt. Er sagt: „den 12ten Tag waren wir in der Oeffnung eines andern Sundes (open of another Sound) der unter dem 74° 20' nördl. Br. liegt, und wir nannten ihn Sir James Lancasters Sound. Hier nahm unsere Hoffnung eine Durchfarth zu finden ab u. s. w.

daß wir das gefunden hätten, was man während Menschenalter vergebens gesucht hatte. Alles bestärkte die Vermuthung; um Mittag konnten wir mit einer Linie von 235 Faden keinen Grund finden, und Abends, als die Sonne sich senkte und die Luft besonders klar war, konnten wir die Küste an beyden Seiten der Einfarth auf eine große Strecke sehen, aber nicht am Ende derselben. Folgende Lagen wurden dermalen beobachtet.

„Um 6 U. N. M. frischer Wind und wolkigter Himmel. Die nördliche Küste der Einfarth, von N. O. $\frac{1}{4}$ N. nach O. bey N. $\frac{3}{4}$ N. Das Kap im N. O. $\frac{1}{4}$ N. hatte eine tiefe Einkerbung nahe am Ende. Die südliche Küste der Einfarth lag im S. W. bey W. $\frac{1}{2}$ W. Im S. O. bey S. ist viel Anschein von Land.

Um 8 U. mäßiger Wind und schönes Wetter, mit einer hohen See von N. W. Wir legten um. Die südliche Küste ging von S. W. bey W. $\frac{1}{4}$ W. nach N. W. $\frac{1}{2}$ W. Der nächste Theil derselben im N. W. bey W. war etwa 9 bis 10 Meilen (miles) entfernt. Diese ganze Küste war hoch mit vielen Hügeln, die stark mit Schnee bedeckt waren, auch waren einige Gletscher darauf; dieser Theil der Küste schien sich nach N. $\frac{1}{2}$ O. und S. $\frac{1}{2}$ W. zu ziehen. Die nördliche Küste, die mit dem erwähnten gekerbten Kap anfängt, liegt N. 44° O. bis O. bey N. $\frac{1}{2}$ N. Die Ablenkung der Kompasse wurde von einem Umlegen zum andern einen Strich groß gefunden.“

Aus dem Logbuch des Alexander.

Die spitzen Hügel an der Südküste der Einfarth, die mit Schnee ganz bedeckt waren, boten einen prachtvollen Anblick. Diese Küste schien sich nach dem wahren West bey Süd zu ziehen. Das Kap an der nördlichen Küste lag im wahren Nord 62° West, das andre Ende derselben im wahren Nord 32° West.

Die Breite der Einfarth ward auf 10 bis 12 Meilen (leagues) geschätzt. Unsre Breite um Mittag war 74° 21′ 08″ nördl. und die Länge nach dem Chronometer 79° 01′ 46″ westl. In der Nacht sahen wir zuerst wieder einige Sterne, seitdem wir über den Polarkreis hinausgekommen waren. Obgleich wir sie anfangs als alte Freunde begrüßten, die uns an den glücklichen Wechsel des Tages und der Nacht in unsern heimischen Gegenden erinnerten, so konnten wir sie bey näherer Betrachtung doch nur als Vorläufer der traurigen Jahreszeit ansehen, die in Kurzem unsere Untersuchungen in diesen Gegenden hemmen wird, wenn wir nicht so glücklich seyn sollten, unsern Zweck vorher zu erreichen.

Da der Wind die Nacht hindurch gegen uns gewesen war, (N. N. W. nach dem Kompaß) so kamen wir nur wenig vorwärts, den folgenden Morgen, den 31sten, schien hingegen wo möglich alles unsere Hoffnung zu erhöhen. Wir sahen nirgends Eis, und um 7 Uhr, als das Wetter sehr

schön und hell war, konnte man zwischen N. 21°
W. und N. 44° O. kein Land sehen; um diese
Zeit wurde unsre Entfernung von der nördlichen
Küste auf 7 bis 8 Meilen (leagues) und von der
südlichen auf 6 bis 7 geschätzt. Aber leider waren
die lebhaften Hoffnungen und großen Erwartungen,
die durch diesen versprechenden Anschein entstanden, nur von kurzer Dauer, denn ungefähr um
3 Uhr Nachmittags legte die Isabella um; allerdings zu unserm großen Erstaunen, denn wir konnten nichts von Land an dem Ende der Einfarth
sehen, auch war das Wetter nicht der Art, um
Gegenstände in einer großen Entfernung zu sehen,
da es etwas nebligt (hazy) war. Als die Isabella
umlegte, war sie etwa 3 oder 4 Meilen (miles) vor
uns, so daß, wenn man den Zustand der Luft und
einen Theil dieser Entfernung in Anschlag bringt,
(denn wir legten nicht gleich um, als sie umlegte,
sondern segelten noch etwas auf sie zu,) man einigen Grund dafür hat, daß wir die Küste nicht
rund um sahen. Der Augenschein würde allerdings
bey einem Gegenstand, an dem wir so vielen Theil
nahmen, sehr beruhigend für uns gewesen seyn;
wir müssen aber zufrieden seyn, da sonder Zweifel
jeder auf der Isabella völlig von dem Zusammen-
hang der Küste am Ende der Einfarth, oder wie ich
sie nun wol mit Baffin nennen kann, des Sundes,
überzeugt war. Um den fehlenden Raum oder die
Oeffnung wo wir kein Land sahen zu zeigen, habe
ich eine genaue Abschrift aus dem Logbuch des
Schiffs für diesen Tag im 5ten Anhang beygelegt.

Es sind darin die unterschiednen Lagen und sonstige schiffarthskundige Bemerkungen in der Ordnung aufgeschrieben, wie sie gemacht wurden. Unsre Breite um Mittag nach Rechnung war 74° 08′ 56″ nördl. und die Länge nach den Chronometer 80° 29′ 55″ Westl. Als wir umlegten, nämlich um 40 Minuten nach drey Uhr Nachmittags, war unsre Breite nach Berechnung 74° 14′ 50″ und unsere Länge der Rechnung nach 81° 09′ 50″ westl., dieß war der westlichste Punkt, zu dem wir in der Einfarth kamen.

Während der Nacht liefen wir aus der Einfarth, und den Morgen des 1ten September waren wir so weit heraus, daß die nördliche Küste nur sehr undeutlich gesehen wurde. Das Meer war völlig eisfrey, ging sehr hoch, und das Wetter war besonders schön und hell. Wir liefen bis ein U. N. M. immer längs der Küste, die sich ungefähr N. N. W. und S. W. bey W. (nach dem Kompaß, Abweichung 108°) zieht, wo denn die Isabella auf eine offne Bay ungefähr 6 bis 7 Meilen (miles) vom Lande zusteuerte. Sie ließ da das Senkbley fallen und fand bey tausend Faden weichen morastigen Grund, und innerhalb 3 Meilen vom Lande in nicht weniger als 700 Faden. Der Zweck des Zusteuerns (heaving to) war, wie es hieß, der, von diesem Theile der Küste Besitz zu nehmen. Die Isabella schickte zwey Boote ans Land, eines hatte einen solchen Pfahl, wie auf den Eisbergen gepflanzt worden war, dieser wurde auf einem runden Hügel an der Südseite der Bay eingesetzt.

Es wurde ein Signal gegeben, daß zwey
Boote des Alexander auch ans Land gehen sollten,
wir landeten an einer schönen sandigen Bucht, gegen
die sich die Wellen mit bedeutender Gewalt brachen. Es schien hier wenigstens 8 bis 9 Fuß Steigen und Fallen der Fluth und Ebbe zu seyn,
denn während wir am Lande waren, von halb
drey bis halb sechs, ebbete es so weit wir es schätzen konnten 4½ Fuß. Wollten wir von der Höhe
der Fluth und Ebbe aber nach der Entfernung
schließen, in der wir einige Wallfischknochen vom
Wasser fanden, so könnten wir sie wol auf 12
bis 14 Fuß schätzen.

Es wurde angenommen, daß heute zwischen 12
und 1 Uhr hohes Wasser war, da der Mond zwey
Tage alt war. Daß die Wallfischknochen so hoch
hinauf in der Bucht gefunden wurden, kann nicht
als hinreichender Beweis angesehen werden, daß
die Fluth so hoch steigt. Es ist wahrscheinlicher,
daß sie durch die Brandung dahin geworfen wurden, die, wenn der Wind stark in die Bucht hin-
einweht, sehr hoch gehen muß, denn selbst heute,
wo der Wind sehr schwach war, war die Brandung sehr stark. Auch können diese Knochen von
Bären jenseits des Fluthzeichens geschleppt worden
seyn.

Sechs der Knochen, die man das Scheitelbein
(crown bone) nennt, lagen sehr nahe bey einander, außerdem noch einige andere, die wegen ihrer
Größe sonder Zweifel zu demselben Thiere gehört
hatten. Einige der Wirbelbeine waren von unge-

heuerer Größe. Ich maß sie nicht, aber einige
hatten wenigstens 18 bis 20 Zoll im Durchmesser.

Auch beym Mittelpunkt des Thales, wo wir
landeten, kamen wir zu einem bedeutenden Strom
süßen Wassers; der Größe des Bettes oder Kanals
nach, worin er floß, kann man schließen, daß die
Menge Wasser, die zuweilen darin gewesen, größer
war als sie jetzt ist. Die Breite des Kanals war
ungefähr 150 Fuß und die Tiefe mehr als 20 Fuß.
Wir gingen eine Strecke längs seinem rechten Ufer,
wo wir eine große Menge unterschiedene Mineralien und Pflanzen sammelten, von denen einige
ganz von denen die wir bisher gesehen hatten verschieden waren. Es fanden sich einige Stück Feuerstein, und Kalkstein schien sehr häufig. Etwas von
dem letztern gab, nachdem es gebrannt und gelöscht
wurde, sehr guten Kalk. In mehrern der Stücke
fanden wir kleine Feuersteine eingesprengt, und in
einem ging der Feuerstein wie eine Ader durch.

Es würde einen geschickten Botaniker erfordern,
um die Pflanzen zu beschreiben, die wir fanden;
einige waren sehr schön, aber alle zwergartig, keine
war größer als die kriechende oder Erdweide, die
fast nie stärker als Fingerdick wird. Diese Unfrucht-
barkeit rührt gewiß von der Strenge des Winters
her, da längs dem Ufer des erwähnten Stroms
eine bedeutende Lage guten Bodens ist. In dem
Thale, das sehr groß war, war kein Schnee zu
sehen. Die Spitzen der Hügel waren damit bedeckt,
aber ihre Seiten bis hoch hinauf so frey davon als
die Meeresküste.

Wir wunderten uns diesen Platz unbewohnt zu finden, da er am passendsten zum Aufenthalt für Menschen von allen, die wir in diesen Gegenden gesehen hatten, war. Es schienen sich aber nur wenige Thiere hier aufzuhalten. Ein weißer Bär wurde von denen die zuerst landeten gesehen; als man auf ihn schoß, stürzte er sich ins Wasser und entkam. Einige der unsern schossen einen weißen Hasen, eine Steinschwalbe (pine martin) und einen oder zwey Schnepfen; ich konnte indeß kein lebendiges Geschöpf außer zwey oder drey der erwähnten Vögel sehen. Wir sahen die Spur eines Hufthiers, wahrscheinlich eines Rennthiers; sie war frisch und da sie auf dem nassen Sande war, so konnten wir sie genau messen.

	Fuß.	Zoll.
Die Länge des Hufs war	—	$7\frac{1}{2}$
Die Breite	—	$5\frac{1}{2}$
Von dem Vordertheil eines Fußtapfen zu dem Vordertheil des 4ten dahinter	9	—

Dieß stimmt mit der Messung der Spur überein, die am 21sten Juny vorgenommen wurde.

Das Merkwürdigste was wir fanden, obgleich es an und für sich keinen Werth hatte, war ein Stück Birkenrinde, das ich in einem kleinen Bach wenigstens eine halbe Meile (mile) von der Bucht fand. Wie es dahin kam, ist sonder Frage einer Untersuchung werth, da wir kein Holz wachsen sahen, auch waren keine Spuren von Menschen zu finden, die es dahin gebracht haben könnten.

Ist es möglich, daß es in dieß Thal durch den von Süden herkommenden Strom geschwemmt worden? Es war nicht in dem oben angegebnen Kanal gefunden, so daß wenn der Strom es hergespült hat, dieser ausgetreten gewesen seyn muß, denn der Ort wo es gefunden wurde, war wenigstens 900 Fuß davon. Dieß Stück Rinde wurde zufolge des erhaltenen Befehls so wie die andern Gegenstände aus dem Stein- und Pflanzenreich, dem Kapitain Roß zugeschickt. Zwischen den Gegenständen die wir für merkwürdig hielten, war ein schwarzer grobkörniger Stein, der, wenn man ihn zerbrach, wie eine Mischung aus mehreren Arzneymitteln roch.

Es wurde eine Beobachtung des Azimuths und einige für die Chronometer (sights for chronometer) an dem Ort wo wir gelandet waren, gemacht; aus ihnen ergab sich folgendes:

Breite des Orts der Beobachtung nach Rechnung 70° 30′ 00″ *)

Länge des Orts der Beobachtung nach dem Chronometer 77° 24′ 09″ westl.

Abweichung, nach der Azimuthbeobachtung (die keinen sonderlichen Werth hat) 109° 32′ 23″ westl.

*) Ist dem spätern nach wol ein Druckfehler und muß seyn 72° 30′ 00″.

A. d. Uebers.

Abends sahen wir einige große Fische, die auf dem Rücken eine große Finne hatten, die dann und wann hoch über dem Waſſer zu ſehen war. Wir vermutheten es ſeyen von denen, die die Fiſcher Bouteillennaſen (bottle noses) nennen.

Von der Zeit, wo wir die erwähnte Bucht verließen, bis zum Sonntag den 6ten, fiel nichts bemerkenswerthes vor. Wir liefen längs der Küſte, die ſich ungefähr N. O. und S. W. (nach dem Kompaß) zog, indeß ſo weit davon, daß wegen der nebligten Luft wir ſie nur von Zeit zu Zeit auf einen Augenblick ſahen. Man konnte deßhalb wenig davon ſagen; im allgemeinen ſchien ſie hoch und mit Schnee bedeckt. Wo wir an dieſem Tage waren ſchien eine Strömung nach Süden zu gehen, denn um Mittag war unſere beobachtete Breite 13 Meilen ſüdlicher als die berechnete, erſtere war nämlich 72° 22′ und letztere 72° 35′. Den Nachmittag fanden wir in 403 Faden braunen moraſtigen Grund. Das ſelbſtverzeichnende Thermometer war an das Senkbley befeſtigt; da das Queckſilber aber über einen der Zeiger gekommen war, ſo war die dadurch angezeigte Temperatur nicht zuverläſſig; dieſe war 30°, während an der Oberfläche das Waſſer 37° war. Das Meer war, wie ſeit den 29ſten vor. Monats ganz eisfrey. Wir ſahen zuweilen einige Eisberge, ſtießen aber auf nichts was uns hinderlich ſeyn konnte.

In den beyden folgenden Tagen ereignete ſich eben ſo wenig als die vorige Woche. Die Küſte wurde den 7ten in einer beträchtlichen Entfernung,

aber nicht am folgenden Tag gesehen, den Vormittag zeigte sich etwas wie der Schein davon. Sollten wir in der Richtung fortsegeln, in der wir den
Nachmittag des 8ten steuerten, so ist es wahrscheinlich, daß die erste Küste die wir sehen werden, die
grönländische seyn wird, wenn nicht die James-
Insel da ist, worüber einige Zweifel statt finden.

Mittwochen, den 9ten, veränderten wir den Vormittag unsern Lauf und steuerten mehr nach Westen. Als um 4 U. N. M. es heller wurde, sahen
wir in Nordwest ½ West Land. Es hatte ein anderes Ansehen, als das, dem wir seit einiger Zeit
vorbey gesegelt waren, es war längs der Küste
niedrig und eben. Weiter hinein waren einige
runde Hügel, die wir, ehe wir nahe an der Küste
waren, für Inseln hielten. Zwischen 7 und 8 U.
Abends fanden wir in 45 Faden morastigen Grund.
Wir waren dermalen etwa 7 oder 8 Meilen (miles) vom nächsten Theil der Küste, dessen Lage
folgende war. Ein hervorspringender Kap lag N.
3° O., von diesem sah man die Küste sich nach N.
9° W. erstrecken. Dann konnte man kein Land
erkennen bis N. 15° W., von wo aus die Küste
sich N. 80° W. erstreckte, wo ein auffallender spitzer
Hügel war. Von da erstreckte sich die Küste bis
S. 52° W., indem sie sich nach N. O. und S.
W. (nach dem Kompaß Abweichung 104°) zu ziehen schien.

Wohin diese Küste gehöre läßt sich, glaube ich,
noch nicht bestimmen, wahrscheinlich ist es aber die
auf den Karten angegebne Cumberland-Insel. Nach-

mittags kamen wir bey einigen Eisbergen und
Stücken losen Eises vorbey, und wir sahen seit
wir Kap Sichilik vorbey waren, den ersten Wallfisch wieder, wenn man nicht den, auf den wir stießen, als wir um das genannte Vorgebürge herumkamen, auf der westlichen Seite desselben rechnen
will. Nachdem was wir gefunden haben, scheint
es, daß man sie selten zwischen dem Eise findet.

Den 10ten segelten wir den ganzen Tag längs
der Küste; nah an der See war das Land hier
noch immer niedrig, weiter im Innern erhob es
sich aber bedeutend.

Es war sehr uneben und wie gewöhnlich mit
Schnee bedeckt, dieser lag allenthalben, aber auf
den niedrigen Stellen sehr dünn und schien erst
kürzlich gefallen zu seyn.

Um 10 U. B. M. sah man einen großen weißen Bären vom Lande auf das Schiff zuschwim-
men, und es wurde gleich ein Boot herabgelassen,
um ihn zu verfolgen. Als er dieß bemerkte, versuchte er durch Schwimmen und Untertauchen davon zu kommen. Nachdem ihn zwey Büchsenku-
geln getroffen hatten, brachten wir das Boot ihm
zur Seite, aber selbst dann vertheidigte er sich
wüthend, indem er mit dem Munde und den Vorderpfoten die Piken und Wallfischspieße packte, mit
denen er angegriffen wurde. Der Streit dauerte
indeß nicht lang, in wenigen Minuten überwältigte
ihn die Menge und Tiefe seiner Wunden, und er
sank, zu unserm großen Verdruß, gerade als wir
eine Schlinge ihm um den Hals werfen wollten.

Wir hatten es durchaus nicht vermuthet, daß er sinken würde. Nicht lange nachher hatten wir aber Gelegenheit die gemachte Erfahrung zu benutzen, denn zwischen 12 und 1 Uhr sah man einen andern Bären dicht am Schiffe schwimmen. Es wurden sogleich zwey Boote ihm nachgeschickt, auch wurden 2 Kugeln auf ihn abgefeuert, ehe wir dicht an ihn kamen, sie hatten aber so wenig Wirkung, daß er sich noch verzweifelter vertheidigte als der erste. Er biß einen eisernen Beschlag einer Pike mitten von einander, und, als er sah, daß er nicht entkommen konnte, schrie er auf die schrecklichste Weise, indem er einige der Stiche, die ihm beygebracht werden sollten, durch seine Vorderpfoten abwehrte, und in die Boote zu kommen strebte; *) an deren Bug er Spuren seiner Klauen und Zähne ließ. Dem Befehl vom 17ten zufolge wurde er, wie wir ihn hatten, an die Isabella hingezogen; ich habe folgende Angabe der Maaße gesammelt und sie mit denen verglichen, die bey dem Bären statt fanden, den Kapitain Phipps auf seiner Reise nach Spitzbergen schoß.

	Phipps.		Alexander.	
	Fuß.	Zoll.	Fuß.	Zoll.
Länge von der Schnautze bis zum Schwanze	7	1	7	8

*) Ich muß bey dieser Gelegenheit eines Unfalls erwähnen, der Herrn Hawkins, Schiffer des Everthorpe aus Hull, zustieß, der fast bey einem Angriff eines Bären ums Leben kam. Das Thier packte ihn beym Schenkel, zog ihn aus dem Boot und schwamm eine Strecke mit ihm hinweg, ehe es ihn los ließ. Es würde ihn getödtet haben, wäre es nicht von dem Boot verfolgt worden.

10

	Phipps.		Alexander.	
	Fuß.	Zoll.	Fuß.	Zoll.
Länge bis zum Schulterblatt	2	2	2	10
Höhe der Schulter	4	3	—	—
Umfang bey den Vorderfüßen	7	—	6	—
Umfang des Halses	2	1	3	2
Breite einer Vorderpfote	—	7	—	10
— — Hinterpfote	—	—	—	8½
Umfang eines Hinterbeins	—	—	1	10
— — Vorderbeins	—	—	1	8
— der Schnauße vor den Augen	—	—	1	10
Länge des Kopfes von der Spitze der Schnauße bis nach dem Hinterhaupt	—	—	1	3
Länge der Vorderklauen	—	—	—	2½
— — Hinterklauen	—	—	—	1¾
— des Schwanzes	—	—	—	5
Gewicht außer dem verlornen Blut, das auf 19 Pf. geschätzt wurde			1131 Pfund.	

Der Polarbär kann jetzt zwischen die Amphibien gesetzt werden, da er nicht nur sehr gut schwimmt, sondern auch sehr gewandt im Untertauchen ist, wie wir heute fanden. Daß diese Thiere sich so weit vom Lande entfernen wie wir sie heute träfen, ist auch ein Beweis, wie sehr sie sich auf ihr Schwimmen verlassen. Der, den wir des Morgens tödteten, war wenigstens 6 Meilen (miles) vom Lande, und es war kein Eis in der Nähe, auf dem er sich hätte ausruhen können. Der, der den Nachmittag erlegt wurde, war ungefähr eben so weit vom Lande, aber fast auf halbem Wege zwischen den Schiffen und der Küste war eine kleine Insel.

Die Isabella schickte ein Boot nach dieser Insel, um daselbst eine ähnliche Stange zu errichten, als auf dem Hügel am 1ſten geschehen war. Diejenigen die landeten, fanden keinen Menschen darauf, es waren aber deutliche Spuren da, daß die Insel kürzlich bewohnt gewesen; denn sie kamen zu einer Stelle, wo ein Feuer gebrannt hatte, um das einige Knochen lagen, die von einem kürzlich getödteten Robben zu seyn schienen, auch fand sich ein Menschenschädel daselbst. Sackhouse meinte, daß diese Leute ohne Kanoes gekommen wären, weil sich in der Nähe viel Spuren von Hunden zeigten; wenn er Recht hatte, so müssen sie die Insel verlassen haben, ehe das Eis zwischen derselben und dem festen Land gesprengt worden war.

Freytag den 11ten erbat sich Lieut. Parry des Morgens, da das Wetter schön und der Wind sehr schwach war, die Erlaubniß einen Eisberg zu messen, der nicht weit von uns war; da er länger war als einer von denen die wir bisher gesehen hatten, so wünschten wir sehr zu wissen wie groß er sey. Das Gesuch wurde gewährt, aber unser Bestreben wäre fast durch die Unzugangbarkeit des Eisberges vereitelt worden. Ein Boot der Isabella, das

nicht weit von uns war, ging in eine kleine Bucht
auf der einen Seite desselben, wo die einzige Stelle
zu seyn schien, wo man an der Seite, die wir
zuerst sahen, hätte hinauf kommen können. Als sie
diese aber untersuchten, schien es ihnen zu schwie-
rig den Versuch zu machen, so daß die Boote
ohne weitere Untersuchung um den Berg herum
ruderten. Dieß war eine Arbeit von einigen Stunden, und was noch ärgerlicher war, es war keine
Stelle da, wo wir hätten versuchen können hinauf zu kommen, da die Seiten des Eisberges so
senkrecht als die Mauern eines Hauses und im
Durchschnitt 40 bis 50 Fuß hoch waren. Nachdem wir rund um diese ungeheuere Eismasse herum
waren, kehrten wir wieder zu der erwähnten Bucht
zurück, wo nach einiger Anstrengung einer unsrer
Matrosen hinaufkletterte; mit Hülfe eines Seils,
das er an der Spitze befestigte, kamen wir alle hinauf, und das ohne vielen Zeitverlust, denn der
Matrose, der zuerst hinauf kam, sah nicht weit von
sich einen weißen Bären. Wir machten uns gleich
zum Angriff dieses furchtbaren Thieres bereit, einige
mit Flinten, andere mit Lanzen und Enterpiken.
Anfangs ging er auf uns zu; als er aber sah, daß
wir auf ihn zukamen, machte er sich auf die Beine,
und lief nach der entgegengesetzten Seite des Berges. Da wir aber wußten, wie hoch dieser von
allen Seiten war, so waren wir ganz gewiß, ihn
zu fangen, und um dieß desto schneller zu thun,
bildeten wir zwey Abtheilungen um ihn einzuschlie-
ßen; zu unserm großen Verdruß und gegen unsere

Erwartung fanden wir aber, daß er von dem Berge an einer Stelle, wo dieser 50 Fuß hoch seyn mochte, herabgesprungen war. Als ich an dieser Stelle herab sah, fand ich mehrere Eisstücke unten herumschwimmen, auf eines von diesen muß das Thier gefallen und so getödtet worden seyn, da wir es nachher nicht wieder sahen. Die beyden die wir gestern getödtet hatten waren größer, wir fanden aber die Spuren mehrerer großen auf dem Berge. Der Weg, auf dem sie hinauf gekommen waren, schien durch ein Gewölbe oder eine Höhle zu führen, die von der Bucht wo wir die Boote ließen, zu einem kleinen Thale führte, in welches das Meer hineinfloß. Nach dieser vergeblichen Bären-jagd machten wir uns an die Vermessung des Eisberges, wobey sich folgendes ergab.

Größe, Gewicht und körperlicher Inhalt eines Eisberges, gemessen am 11ten September 1818 in der Davisstraße unter dem 70° 36′ 40″ nördl. Br. und 67° 27′ 45″ westl. Länge. Die Länge und Breite des Eisberges wurde durch wirkliche Vermessung gefunden, und die Dicke durch Vergleichung seiner Höhe über dem Wasser, mit dem Theil eines daraus gemachten Würfels, der über das Seewasser auf dem er schwamm, hervorragte. *)

*) Der Würfel hatte 36 Linien Seite und im Seewasser von 35° Temperatur und 1024,9 spec. Schwere ragten 5 Linien über der Oberfläche des Wassers hervor. Die spec. Schwere des Wassers, in das der Würfel zerschmolz, war 1000,6 bey einer Temperatur von 51°.

Das Gewicht wurde durch Wiegen eines solchen Würfels bestimmt, indem ein Kubikzoll 240 Gran wog.

Länge, 2 Meilen u. 1947 Fuß, od. 12,507 Fuß.

Breite, 3869 Schritte, den Schritt zu 2 Fuß, 9 Zoll, 2 Meilen u. 78 Fuß, 9 Zoll, oder 10,639 Fuß, 9 Zoll.

Dicke, wenn 51 Fuß im Durchschnitt die Höhe über dem Wasser ist, als die, die an der Stelle wo gemessen wurde, statt fand, 367 Fuß, 2 Zoll, 4 Linien.

Körperlicher Inhalt in Fußen, 48 Meilen, 863 Fuß, 800 Zoll, 913 Fuß und 691$\frac{1}{3}$ Zoll.

Körperlicher Inhalt in Zollen, 84 Meilen, 436 Fuß, 647 Zoll, 978 Fuß, 355$\frac{1}{3}$ Zoll.

Gewicht in Tonnen, 1, 292, 397, 673; 2 Centner; 3 Quarten; 1 Pfund; 5 Unzen; 2 Drachmen und 5$\frac{8}{10}$ Gran.

Anmerk. Dieß Gewicht und diese Ausmessungen sind nur als Annäherungen zu betrachten.

Abweichung der Magnetnadel auf dem Eisberg nach Azimuthbeobachtungen 77° westl.

Zum Zeitvertreib wurde berechnet, welche Fläche diese Eismasse bedecken würde, wenn sie 6 Zoll dick wäre, eine Dicke bey der man drauf Schlittschuhe laufen könnte; es ergab sich, daß sie 3505 Quadratmeilen und 31 Quadratmorgen (square forlongs) überziehen würde.

Sonntag den 13ten kamen wir Nachmittags bey einem Eisberg vorbey, auf dem ein großer weißer Bär war; einigermaßen bestätigt dieß das,

was ich über die Amphibiennatur dieser Thiere gesagt habe. Man nahm am Bord an, daß, als
wir ihn vorbey kamen, wir ungefähr in der Mitte
der Straße waren.

Auf jedem Fall waren wir weit vom Lande,
da wir es seit zwey Tagen nicht gesehen hatten.
Noch merkwürdiger ist es aber, daß Seeleute, die
früher in diesen Gegenden waren, wie sie mir
erzählten, Bären haben schwimmen sehen, wo weder Eis noch Land sichtbar war.

Dienstag den 15ten sahen wir, als wir durch
einen Strom Eis segelten, zwey große Bären,
die auf zwey kleinen Stücken desselben lagen. Der
Schaum der Wellen ging zuweilen über sie hinweg, sie schienen sich aber nicht darum zu küm-
mern. Sie waren nicht so weit vom Lande als
der, den wir am Sonntag sahen, da die Westküste sichtbar war. Wir sahen heute mehrere
Flüge wilder Enten, auch einige Landvögel, von
denen einer gefangen wurde. Es schien eine weib-
liche Seeammer zu seyn. Wir segelten durch mehr
Eis, als wir seit einiger Zeit getroffen hatten,
es war aber nicht genug, um uns hinderlich zu
seyn, da es nur lose Ströme waren. Dicht an
der Küste sahen wir eine große Menge kleine
Eisberge.

Den folgenden Tag sahen wir eine hohe Küste,
bey welcher in der Entfernung von 5 bis 6 Meilen mehrere Inseln lagen. Das feste Land schien
sich nach S. W. oder S. W. bey S. zu ziehen.
Nachmittags kamen wir zu einem Strom losen

Eises, der uns ein wenig aufhielt. Den Tag über kamen wir auch bey einer bedeutenden Anzahl Eisberge vorbey.

Dienstag den 17ten sahen wir den ganzen Tag Land, wir waren aber so weit davon, daß man nichts andres davon sagen kann, als daß es hoch, uneben und mit Schnee bedeckt war. Das Meer war ganz eisfrey, obgleich wir in dem schmalsten Theil der Straße waren, ungefähr unter dem 62° *) der Breite, das heißt zwischen Riscoll auf der grönländischen Küste und der Südspitze von dem, was gewöhnlich James-Insel genannt wird. Es ist keinem Zweifel unterworfen, daß die Küste, längs der wir seit einigen Tagen gefahren sind, das ist was die Fischer James-Insel nennen, ob es aber eine Insel ist oder nicht; haben wir nicht bestimmen können, da wir sie oft aus dem Gesicht verloren haben.

Ungefähr um 11 Uhr Abends leuchtete das Nordlicht sehr hell im westnordwestlichen Theil des Himmels (nach dem Kompaß) und erstreckte sich vom Horizont nach dem Zenith. Den 18ten waren wir gegen einen merkwürdigen Hügel über, wol der, der der Sahversonsthurm heißt; in einer der Ansichten die wir davon hatten, zeigte er wirklich eine Aehnlichkeit mit einem großen Thurm. Die Lagen desselben u. s. w. sind folgende:

Breite um Mittag, nach der
    Mittagshöhe   67° 26′ 47″.

*) Sonder Frage ein Druckfehler, muß wol 68° heißen.
             A. d. Uebers.

Länge nach dem Chrono-
meter   61° 22' 19" westl.

Abweichung um 6,40 des

Morgens gefunden   75 westl.

Südspitze des Landes (im wahren) S. 7°. O. Ein bemerkliches oben vierecktes Stück der Küste (Sandersons=Thurm?) nah an der See (im wahren) S. 47° W. Nordspitze des Landes (im wahren) N. 64° W. Der nächste Theil der Küste (im wahren) S. 35° W. ungefähr 17 Meilen (miles) entfernt, so daß seine nördl. Breite 67° 16' 59" und die Länge 62° 00' 37" westl. ist. Wir kamen bey einem Fluge kleiner Möven (rotges) vorbey, die auf dem Wasser saßen, deren Gefieder ganz von dem unterschieden war, das wir sonst bey diesen Vögeln gesehen hatten, indem sie am Kopf und Hals weiß waren, da bey den andern diese Theile schwarz gewesen waren.

Da der Wind nur schwach war, so kamen wir den folgenden Tag den 19ten nur wenig weiter. Die Küste wurde bis 6½ U. N. M. gesehen, wo das südlichste Ende N. 56° W. lag. Um 5½ U. N. M. fanden wir mit einer Senklinie von 310 Faden keinen Grund.

Montag den 21sten sahen wir um 11 U. W. M. die grönländ. Küste, die dermalen S. 14° O. bis S. 42° O. (nach dem Kompaß) lag. Abgesehen von einigen Eisbergen, war die See ganz eisfrey. Kurz vordem wir die Küste sahen, sahen wir einen Habicht und einen kleinen Landvogel um das Schiff fliegen, der erstere wurde geschossen, es

war ein Falco buteo (buzzard). Ich muß noch
angeben, daß seit einiger Zeit jede Nacht das
Nordlicht sichtbar ist. Es hat unterschiedene Gestalten angenommen und schien nicht immer gleich
hell. Es hat nicht auf die Kompasse gewirkt, ob
es gleich eine noch nicht erklärte Verwandtschaft
mit Magnetismus hat, denn wenn es Bogen bildet, so stehen sie rechtwinklicht mit dem magnetischen
Maritim.

Den folgenden Tag hatten wir starken südwestlichen Wind (nach dem Kompaß). Es war kein
Land zu sehen, indeß war den größten Theil des
Tages dicke nebligte Luft, und Nachmittags grau-
pelte und schneyete es.

Mittwochen den 23sten wurde es mäßiger und
klärte den Nachmittag auf, so daß wir die westliche Küste, obgleich sehr entfernt von uns, sahen,
da ihre Entfernung auf 20 Meilen (leagues) geschätzt wurde. Einer der Hügel, die wir sahen,
wurde für den Mount Raleigh gehalten. Er war
höher als irgend ein Theil der Küste und lief in
eine scharfe kegelförmige Spitze aus. Als wir um
6 U. N. M. diese Küste sahen, zeigte sich in Süden (nach dem Kompaß) etwas Landähnliches, wahrscheinlich Grönland, es war aber so undeutlich,
daß man nicht mit Gewißheit es für Land halten
konnte. Wären wir, als es sich aufklärte, 10 oder
15 Meilen östlicher gewesen, so würden wir wol
gewiß zugleich die östliche und die westliche Küste
gesehen haben, wie Davis und einige spätere Seefahrer. Den Nachmittag kamen wir über den

Polarkreis und gelangten unter den Himmelsstrich, unter dem wir geboren waren. Folgende Lagen wurden des Abends beobachtet.

Um 6 U. N. M. unter dem 66° 26′ 12″ nördlicher Breite, und dem 58° 15′ 32″ westl. Länge bey einer westl. Abweichung von 65°, lag das Südende der Küste (im wahren) S. 85° W. Ein sehr bemerklicher hoher spitzer Hügel (Mount Raleigh?) (im wahren) S. 89° W. Das nördliche Ende des Landes, das einer Insel glich, (im wahren) N. 77° W. Alles lag sehr entfernt, war aber deutlich zu sehen. Von der Mastspitze zeigte sich ein starker Anschein vom Lande (im wahren) S. 65° O.

Die beyden folgenden Tage fiel nichts besonderes vor. Da das Wetter den größten Theil der Zeit nebligt gewesen war, so konnten wir kein Land sehen, vermutheten aber, daß wir in der nöthigen Entfernung wären. Den 25sten Nachmittags schickten wir 2 Boote nach einem Eisberge, um Eis zu hohlen, das zum Kochen geschmolzen werden sollte.

Den folgenden Tag wurde auf des Kapitain Roß Befehl jedem der Mannschaft warmes Zeug gegeben, welches die Regierung schenkte. Nachmittags schoß ich 4 kleine Möven (rotges), welche, ganz unterschieden von allen die wir bisher gesehen hatten, am Kopf und Hals schwarz und weiß gemischt, besonders von letzterer Farbe waren, bey einem waren diese Theile sogar ganz weiß.

Es scheint, daß in Rücksicht der verschiedenen Farben dieser Vögel die Meynungen der französischen und englischen Naturkundigen unterschieden

sind; die erstern glauben, daß die weißen Vögel
die Jungen sind, und die letztern, daß alle diese
Vögel die Farben verändern, wenn der Winter
näher kommt. Was wir davon gesehen haben,
spricht für die letztere Meynung, da es wahrscheinlich ist, daß wenn die weißen Farben den Jungen
eigen wären, wir vorigen Monat, wo wir so viele
Tausende sahen, einige davon bemerkt haben würden.
Es wäre auch übereilt anzunehmen, daß wir die
letzte Zeit nur junge Vögel gesehen hätten, und doch
haben sie alle meinen Beobachtungen und Erkundigungen zufolge, mehr oder minder weiße Federn
am Kopf und Hals gehabt.

Sonntag den 27ten um 1 U. N. M., da es
sich auf eine kurze Zeit aufgeklärt hatte, sahen wir
Land, wie es schien ein Vorgebürge im N. 40° W.
(nach dem Kompaß). Unsere Breite um Mittag
nach Cole's Methode bestimmt, war 65° 43' 32''
nördl., und die Länge nach dem Chronometer 61°
27' 00'' westl. Das Nordlicht glänzte vorige
Nacht sehr stark und strömte vom Zenith nach Osten
zu. Es wird mehrentheils um 9 Uhr sichtbar und
bleibt es mit Unterbrechungen bis zwey Uhr Morgens. Wenn es gesehen wird, werden die Kompasse beobachtet, es scheint aber nicht, daß sie dadurch Veränderungen erleiden.

Den folgenden Tag kamen wir, da der Wind
nur schwach war, wenig vorwärts. Wir sahen einigemal undeutlich Land in N. bey W. bis N. W.
Es sah im allgemeinen wie Inseln aus, wir waren
aber zu weit entfernt, um darüber zu entscheiden,

da das nächste Land vier und zwanzig Meilen (miles) von uns war. Es ist indeß nicht unwahrscheinlich, daß alles Land, dem wir kürzlich vorbeygekommen sind, eine Inselreihe ist, so erschien es uns wenigstens.

Es wurde den 29sten und 30sten wieder gesehen, aber noch so weit entfernt, daß wir wenig davon sagen können, außer daß es sehr bergigt scheint, die höhern Theile waren vorzüglich mit Schnee bedeckt, aber weiter herunter schien eine gute Menge schwarzes Erdreich zu seyn. Diesem Theil der Küste gegenüber, trafen wir den letzten Tag eine bedeutende Menge Eisberge, unsere Breite um Mittag war 63° 50′ 37″ nördl., unsere Länge 62° 09′ 36″ westl. und die angenommene Abweichung 61° westl. Der Größe der Eisberge und der Tiefe des Wassers nach schlossen wir, daß der größte Theil derselben auf dem Grunde fest saß. Als wir des Morgens 960 Fuß weit vor einem vorbey kamen, fanden wir mit 85 Faden Grund; wir mochten dermalen 7 oder 8 Meilen (leagues) vom Lande seyn. Das Nordlicht wurde heute Morgen an zwey entgegengesetzten Stellen am Horizont gesehen; östlich strömte es in hellen Flammen vom Horizont nach dem Zenith, und westlich zeigte es sich als ein feststehendes helles Licht.

Die Nacht des 1sten Octobers wurde es wieder sehr glänzend und von verschiedenen Stellen nach dem Zenith strömend gesehen. Einmal bildete es einen Bogen von W. bey S. nach O. bey S., dessen Mittelpunkt ungefähr 14 Grad über dem Horizont war.

Einige Theile der Küste waren diesen ganzen Tag sichtbar, aber wie gewöhnlich in einer beträchtlichen Entfernung, indem der nächste Theil zwischen 4 bis 5 Meilen (leagues) entfernt war. Dieß waren vier kleine Inseln, die um 10 Uhr Morgens in W. 43° N. bis W. 49° N. (nach dem Kompaß) lagen. Um Mittag war unsere Breite 62° 53′ 22″ nördl., die Länge 62° 52′ 02″ westl, die Abweichung war 60°.

Den folgenden Tag sahen wir, da das Wetter sehr nebligt war, kein Land. Da des Nachmittags auf dem Wasser ein starkes Strömen bemerkt wurde, so wurde ein Boot herabgelassen, um die Strömung zu untersuchen; diese ging S. W. $\frac{1}{2}$ W. (nach dem Kompaß) und $8\frac{1}{4\cdot0}$ Meile (mile) in 24 Stunden.

Sonnabends gab die Isabella das Kompaßsignal, um S. S. O. zu steuern, welches ungefähr der Kurs ist, um Kap Farewell zu erreichen. Diesem zufolge scheint es, daß unsere Entdeckungen zu Ende gehen.

Da es Sonntag den 4ten um Mittag schönes helles Wetter war, so konnten wir die Mittagshöhe beobachten und fanden, daß unsere Breite 61° 06′ 27″ nördl. war, der Rechnung nach war sie 61° 53′ 21″ nördl., was in 3 Tagen einen Unterschied von 47 Meilen (miles) machte, ein Beweis, daß in diesem Theil der Straße eine südliche Strömung statt fand. Nachmittags sahen wir einen großen

Zug Finnfifche, um den eine große Menge von procellaria glacialis (fulmor) herumflog, fie gingen dermalen nach Weften.

Mehrere Tage nach einander fiel nichts bemerkenswerthes vor. Zuweilen war das Wetter fchön, mehrentheils aber fchlecht; das fchlechtefte Wetter, welches wir gehabt hatten, nicht bloß kürzlich, fondern feitdem wir England verlaffen hatten, kam in keinen Betracht, wenn wir es mit dem verglichen, was wir Freytag den 9ten erlebten. Das Nordlicht war des Morgens fehr glänzend gewefen und hatte einen Bogen von N. W. nach S. O. (nach dem Kompaß) gebildet, fo daß es der wahre Meridian theilte, und nicht, wie gewöhnlich bey diefer Erfcheinung beobachtet worden war, der magnetifche. Um 1 Uhr erhob fich ein ftarker nordweftlicher Wind, der bis Mittag zunahm, wo er bis zum Sturm fich fteigerte. Eine ftarke Welle zerfchlug jetzt das Steuerbordboot, und um ein Uhr traf eine andre Welle das Schiff und befchädigte das Boot noch mehr. Es fchien nun rathfam, die Marsfegel einzuziehen und das Schiff mit unter Stagfegeln bey dem Wind zu drehen. Um 1 U. 20 Minuten verloren wir die Ifabella aus dem Geficht, die, als wir fie zuletzt fahen, nach S. bey O. (nach dem Kompaß) vor dem Wind zu laufen fchien. Um 4 Uhr N. M. traf noch eine große Welle das Steuerbordboot und zerfchlug den Bolzen in dem Hinterfteven deffelben, fo daß es in Stücken an der vordern Takel hing, die gekappt wurde, um das Schiff von dem Wrack zu befreyen.

Dritter Anhang.

Befehl des Kapitän Roß wegen naturgeschichtlicher Gegenstände.

Generalbefehl.

Es ist mein Wille, daß jedes Stück aus dem Thier- Pflanzen- und Steinreich, das irgend eine Person am Bord der Schiffe unter meinem Befehl findet oder sich verschafft, sogleich zu mir gebracht wird, damit ich darüber so verfüge, als ich für passend finde; und alle Officiere, die in irgend einem Dienstgeschäft ans Land oder aufs Eis gehen, oder mit den Eingebornen zusammentreffen, müssen sich möglichst bemühen alles was zur Beförderung der Naturwissenschaft dienen könne, zu sammeln oder sich zu verschaffen. Von den größern Thieren und andern Gegenständen, welche nicht weggebracht werden können, müssen Skizzen und Beschreibungen gemacht werden; alle solche Berichte und Beschreibungen u. s. w. müssen von dem Officier unterzeichnet werden, und mir für den königlichen Dienst zugeschickt werden.

Gegeben unter meiner Unterschrift in See, am Bord der Isabella den 17ten August 1818.

John Roß,
Kapitain.

zont, selbst wenn seine Lichter am glänzendsten schienen.

Der Schaum sprützte so hoch, daß wir den folgenden Tag die Masten bis zum Knopf des Flaggenstocks ganz mit Salz bedeckt fanden; so sehr, daß die Matrosen die oben hinauf gewesen waren, mit Salz bestreuet waren, daß sie wie Müller aussahen wenn sie herunter kamen. Das Schiff schlingerte so stark, daß wir die spec. Schwere des Seewassers dermalen nicht mit Genauigkeit bestimmen konnten; aus dem angegebnen Umstande läßt sich indeß vermuthen, daß sie größer als gewöhnlich war.

Sonnabend den 10ten schwebten wir bald nach Tagesanbruch in einer so großen, wo nicht größern Gefahr als worin wir gewesen waren; dicht bey uns waren mehrere Eisberge und große Eisstücke; glücklicherweise ließ um diese Zeit, zwischen 5 und 6 Uhr, der Sturm etwas nach und zwischen 8 und 9 Uhr segelten wir mit dicht gereeftem Vormars- und Focksegel vor dem Wind hin. In Rücksicht der Stärke des Sturms erlitten wir nur wenige Beschädigung, den Verlust des Steuerbordboots habe ich schon erwähnt. Ein andres Wallfischboot das auf den Bäumen auslag, wurde auch durch eine Welle zerschlagen und mehrere kleine Sparren und auf dem Verdeck lose liegende Gegenstände wurden mehreremale weggespült. Im Ganzen war es doch aber bewundernswürdig, wie gut sich das Schiff in diesem langen furchtbaren Sturm gehalten hatte. Um Mittag war unsere nördl. Breite

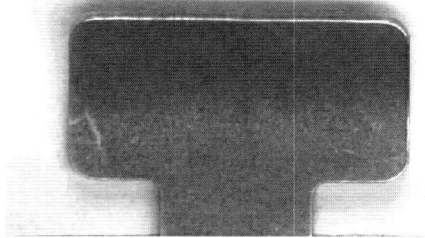

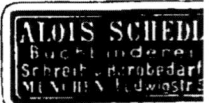